# Contabilidad
para
# numerofóbicos

# Contabilidad
## para
# numerofóbicos

*Una guía de supervivencia para*
*propietarios de pequeñas empresas*

**DAWN FOTOPULOS**

HarperCollins *Español*

© 2018 por HarperCollins Español
Publicado por HarperCollins Español, Estados Unidos de América.

Título en inglés: *Accounting for the Numerphobic*
© 2015 por Dan Fotopulos
Publicado por AMACOM, 1601 Broadway, New York, NY 10019

Editora en Jefe: *Graciela Lelli*
Traducción y Adaptación del diseño interior: *www.produccióneditorial.com*

ISBN: 978-1-41859-787-0

Impreso en Estados Unidos de América
18 19 20 21 22 LSC 9 8 7 6 5 4 3 2 1

Para **Katherine,** que siempre encontró palabras de
ánimo para quienes estaban en apuros.

# CONTENIDO

# AGRADECIMIENTOS

Ahora sé que tras cada libro que se publica hay un silencioso ejército de personas que han ayudado a darle vida.

Frances Pelzman Liscio, usted es la mujer renacentista por antonomasia y, sin su ayuda, este libro nunca hubiera visto la luz. Fue el catalizador que puso este libro en movimiento. He tenido la suerte de conocer a un grupo de mujeres maravillosas —Liza Dawson, Debbie Englander, Christina Parisi—: gracias por ayudarme a encontrar el camino a AMACOM para publicar el libro en inglés.

A Bob Nirkind, principal editor de compras: Bob, gracias por creer en este proyecto y por ser tan fiel hasta su conclusión. Ha trabajado intensamente con cada capítulo y ha mejorado muchísimo el libro. Su paciencia e ideas han sido un regalo extraordinario para una escritora novel como yo.

Querida Debbie Posner, mi correctora de estilo, gracias por poner el listón en lo más alto. Usted ha hecho de mí una mejor pensadora, escritora y pedagoga. Su meticulosa atención a los detalles y su moderado sentido del humor han hecho de un buen texto un libro atractivo. También ha hecho que un proceso agotador sea un agradable placer.

Gracias a Mike Sivilli y a todo el equipo de producción, por su compromiso y creatividad en la transformación de este manuscrito en un libro apto para estar en primera línea.

Ron Bucalo, ¡sus ilustraciones son puro genio! Han hecho que un tema árido adquiera una personalidad que invita al lector a una mayor comprensión. ¡Nadie puede mantener sus fobias mientras se ríe! Ha sido una alegría trabajar con un profesional.

Dra. Lynne Rosansky, gracias por confirmarme que mi misión es enseñar fundamentos financieros a las pequeñas empresas y a Carole Hyatt por presentarnos. Gracias a Susan RoAne, que ha sido mi *doula* para alumbrar este libro, y a Allison Armerding, que me ayudó a redactar la propuesta que fue aceptada contra todo pronóstico.

A Ina Kumi, mi supervisora universitaria, gracias por el ánimo para seguir arando cuando el terreno era pedregoso y mis brazos estaban cansados. Al Dr. Anthony Bradley, gracias por darme codazos durante cinco años para que despegara. Jacqueline Grey, gracias por mantenerme en pie durante uno de los semestres más difíciles de mi vida profesional. Valerie Coleman Morris, gracias por ayudarme siempre a relajarme y por su fe inquebrantable en que tenía algo importante que ofrecer al mundo.

Jody Wood, su apoyo durante los primeros seminarios de *Contabilidad para numerofóbicos* fue un verdadero tesoro. Me dijo que prestara atención y lo hice. A Victoria Aviles, Gerta Hagen, Enid Karpeh, Nina Kaufman, Alexandra Preate, Laura Reddy y Mike Zumchak, ¡gracias por creer en mí desde el principio y por su apasionado apoyo! ¡Es un sentimiento recíproco!

A mi grupo de animadoras, Lourine Clark, Lucy DeVismes, Marsha Heisler, Joanne Highly, Marleny Hucks, Roz Kroney, Monika Muller, Carla Rood, Ana Roundtree, Michelle Turner y Philip Clements. Sus oraciones me han sostenido en este viaje por territorio desconocido.

Gracias a Jane Applegate, CEO del Grupo Applegate, a Larry Janesky, CEO de Basement Systems y a April Vergara, vicepresidenta del Banco HSBC. Ustedes son la prueba de que la integridad y la perseverancia triunfan en un mundo competitivo.

Quiero expresar mi especial agradecimiento a Norm Brodsky por invertir tanto tiempo en la transmisión de sus penetrantes reflexiones, que han hecho de este libro un texto mucho más rico.

Lee y Allie Hanley, su generosidad de espíritu es de primer orden. Es un honor conocerles y colaborar con ustedes. Siempre tendrán mi más profunda gratitud.

A mis queridos estudiantes de King's College y a los cientos de participantes que he tenido el privilegio de preparar mediante el Programa Kauffman FastTrac del Instituto Levin de Nueva York, ustedes son la inspiración que subyace tras estas páginas.

A Dios, quien ha usado la prueba de un tobillo fracturado para mantenerme concentrada en este manuscrito que he terminado en un tiempo récord. ¡Gracias! Gracias a mis padres, Bill y Christine, que hace muchos años me acompañaron por las inestables experiencias de Bedazzled antes de que entendiera todas estas cosas. Sin ustedes no lo habría conseguido.

En especial, gracias a usted, querido lector, por leer este libro. Mi deseo es que, finalmente, pueda experimentar el éxito que siempre ha sabido que le estaba esperando.

# ¿Por qué necesita este libro?

¿Qué le pasa por la mente cuando oye la expresión «estados financieros»? ¡Venga! Sea honesto. Tómese un momento y escriba sinceramente lo que piensa. No pasa nada si le vienen a la mente epítetos poco ortodoxos. Solo lo verá usted.

Ahí van algunos comentarios que he recopilado con los años entre los asistentes de mi taller «Odio los números: Contabilidad para numerofóbicos»:

*Hace que me quiera poner en posición fetal y llorar.*

*Prefiero pasar un fin de semana escuchando a mi suegra.*

*Odio los números y ellos me odian a mí. Es un sentimiento recíproco.*

*Esto es problema de mi contable.*

*Soy diseñador y tengo que concentrarme en mi trabajo.*

*Si trabajo lo suficiente, los números cuadrarán.*

*El gran agujero negro.*

*Me despierto por la noche.*

*¡Que alguien me pegue un tiro, por favor!*

*Me encanta leer mis estados financieros. También me gusta mucho que se me pinche una rueda en la autopista, a las dos de la madrugada, bajo una lluvia torrencial, y que me extraigan la muela de juicio.*

Estos comentarios provienen de personas como usted: muy inteligentes, con una buena educación y mucho talento. Son diseñadores, consultores de tecnologías de la computación, fotógrafos, dentistas, abogados e incluso instructores de *pole dance fitness*. Si se siente intimidado por los números, está en buena compañía. Lamentablemente, resulta ser la compañía de pequeños empresarios, muchos de los cuales están fundando sus empresas para tener problemas e incluso fracasar. ¿Quién sacará partido de este libro? Aquellas personas que tienen un pequeño negocio de productos o servicios, los contables que trabajan con pequeñas empresas, los comerciales, los que trabajan en *marketing*, los subcontratistas, los directores de pequeñas empresas de nueva generación y los emprendedores que están comenzando. Cualquiera que esté pensando en ponerse por su cuenta y quiera hacerlo correctamente, y cualquiera que ya haya dado este paso y tenga problemas para llegar a final de mes. Incluso quienes saben de números —contables, tenedores de libros, encargados de pagos y cobros— se beneficiarán de él. Su trabajo será mucho más fácil en la medida que sus clientes aprendan lo esencial sobre la supervivencia de las pequeñas empresas.

## ¿SE HUNDEN LOS PEQUEÑOS NEGOCIOS POR FALTA DE UNA FINANCIACIÓN ADECUADA? ¡EN ABSOLUTO!

Posiblemente habrá oído estadísticas de la Administración de Pequeñas Empresas que afirman que, aproximadamente la mitad de los pequeños negocios que se inician en Estados Unidos no funcionan más de cuatro años. Si usted pregunta a los expertos con mocasines de Gucci especializados en lo dolorosamente obvio, la mayoría le dirán que estos negocios naufragan porque carecen de una capitalización adecuada. Lo que dicen es: «¡Estos negocios necesitan líneas de crédito, préstamos, capital de riesgo, inversores y subvenciones del Estado!». Permítame discrepar. Se maneja dinero de sobras. Piense en la cantidad de dinero para hipotecas de segundas viviendas que se pierde por negocios mal planteados, inútiles productos *online* y, simplemente, en modelos de gestión anticuados e ingenuos. Miles de millones de dólares se han ido por las cañerías durante los últimos 20 años.

Todos los banqueros, consultores y contables con los que he hablado están de acuerdo en que la mayoría de los pequeños negocios fracasan por una *gestión errónea*, no por una capitalización deficiente. Los fondos para la creación de las pequeñas empresas no suelen ser para la compra de equipamiento o el desarrollo de páginas web. Suelen usarse para pagar la curva de aprendizaje de los gestores (¡si es que el dinero no se acaba antes de cubrir gastos!).

¿Qué es, pues, exactamente lo que ignoran los pequeños empresarios? No es el producto o servicio que ofrecen. La mayoría de las personas comienzan o gestionan una pequeña empresa porque tienen productos y servicios estupendos y porque son muy buenos en lo que hacen. Pero estas cualidades no son suficientes para levantar y gestionar una empresa rentable. Sin un motor bien engrasado para generar productos y servicios, y sin las capacidades de gestión para conducir dicho vehículo, cualquier negocio se atascará. Y aquí es donde entran en escena los números.

Muchos pequeños empresarios dan por sentado que los números son territorio de expertos: los contables. No se dan cuenta de que el papel de los contables se parece mucho al de los mecánicos de vehículos. Los contadores públicos lo saben todo sobre los indicadores que miden las operaciones y la salud de una empresa. Pueden darle mucha información útil para llevar a cabo el «mantenimiento rutinario» de su negocio y ayudarle a no llamar la atención del servicio interno fiscal. Sin embargo, en última instancia, no es su gestor el que va a dirigir su negocio, como tampoco su mecánico va a conducir su auto. Es usted quien debe saber leer su «panel de instrumentos financieros» para poder llegar a su destino.

Es cierto que, al principio, aprender a conducir es una experiencia imponente. Pero los indicadores de combustible, velocímetros, pilotos de motor, mapas y volantes no son ingeniería aeroespacial, como tampoco lo es su estado financiero. Saber leerlo y utilizar la información que le ofrece para dirigir su negocio hacia la rentabilidad está, sin lugar a dudas, dentro de sus capacidades. Y no solo eso, sino que usted puede dominar estas capacidades mucho más rápido y fácilmente de lo que se imagina, como le voy a demostrar en este libro.

No, posiblemente su contable público certificado no le contará estas cosas. Para él es un placer seguir cobrándole 250 dólares la hora por hacerse cargo de los «complicados» asuntos que tanto le aterrorizan. Estas cosas solo se las oirá a alguien que, como yo, aprendió lo importante que es hacerse cargo de los números y lo asequible que es en realidad.

Resulta que yo soy una de estas pequeñas empresarias, en otro tiempo numerofóbica, que pagué un precio muy elevado por mi curva de aprendizaje. Comencé un negocio cuando tenía 23 años y estuve a punto de arruinarme varias veces. Aprender a controlar cosas como el coste de los productos supuso 10 antiácidos al día durante 10 años; unos años de dolor que no le deseo a nadie. Evitar esta experiencia es mi misión con este libro. Estoy segura de que en unas semanas puedo enseñarle lo que a mí me costó largos y difíciles años entender, las mismas cosas que en mis cursos y seminarios he enseñado a cientos de pequeños empresarios. Mis estudiantes no dejan de decirme: «¡Por fin lo entiendo!», «Ahora sé exactamente lo que tengo que hacer» o «He oído a muchas personas hablar de estas cosas, pero no las he entendido hasta ahora». Muchos han venido a mí con lágrimas en los ojos tras comprender que, armados con el conocimiento que comparto en este libro, sus días de luchas desesperadas quedaban atrás. Cientos de negocios que iban a cerrar las puertas son ahora rentables y crecen gracias a las cosas consignadas entre estas páginas.

## CÓMO PENSAR SOBRE ESTE LIBRO

¿Ha visto la película *El mago de Oz*? ¿Recuerda la escena en la que Dorothy, el espantapájaros, el león y el hombre de hojalata tiemblan ante el temible y poderoso mago? Su voz retumbaba entre el fuego llameante de aquella sala que tronaba con su presencia feroz y premonitoria. Entonces, para horror de Dorothy, su perrito Toto corrió hacia el telón que había tras el gran mago, tomó uno de los bordes y tiró de él, revelando a un impotente hombrecillo de Kansas con una barba blanca. En un instante se le bajaron los humos al temible y poderoso Oz.

Del mismo modo, *Contabilidad para numerofóbicos* también retirará todo el humo y estruendo para mostrarle lo que hay realmente entre bastidores cuando se trata de utilizar sus cuentas para tomar importantes decisiones de gestión. Será un eficiente ataque en toda regla contra su numerofobia que le permitirá hablar sobre contabilidad empresarial como algo «fácil» y «divertido». Sé que suena demasiado bueno para ser verdad. Pero cuando haya leído este libro y revisado los «Instrumentos clave» al final de cada capítulo, que le ofrecen la oportunidad de aplicar los conceptos de forma inmediata y efectiva, verá que administrar una pequeña empresa puede ser tan fácil como un videojuego, puesto que, por fin, sabe leer el marcador. Este libro traza con eficiencia una hoja de ruta fiable que permite levantar un negocio rentable. Esta es mi meta; quiero mostrarle la forma más sencilla de conseguirlo con una obra que es exhaustiva sin ser excesivamente extensa o aburrida como los libros de texto.

Es posible que haya realizado cursos de contabilidad, pero este no se parece a ningún texto de contabilidad que haya leído. En estas páginas no hay ni una sola sílaba camuflada con la jerga de «débito», «crédito» o de los GAAP (Principios de Contabilidad Generalmente Aceptados por la organización de contables). Puesto que hay un buen número de soporíferos volúmenes escritos por contables públicos certificados, este libro es de fácil comprensión y ameno en su lectura.

Paso a paso, historia tras historia, las cuestiones difíciles se hacen fáciles de entender y de poner en práctica. Todos los caminos son mucho más fáciles de transitar si se han pavimentado.

*Contabilidad para numerofóbicos* comienza desembalando sus tres herramientas de navegación más importantes y analizándolas en detalle: el estado de resultados (o cuenta de pérdidas y ganancias), el cuadro de flujos de tesorería y el balance general. Es crucial para la supervivencia de su pequeña empresa que comprenda lo que le dicen estas cuentas sobre el estado de su negocio. Los capítulos 1-3 analizan lo que evalúa el estado de resultados, cómo funciona y cómo puede mejorar la rentabilidad llevando a cabo pequeños cambios. El capítulo 4 le llevará a un análisis del punto de equilibrio, un conocimiento importante para levantar un negocio viable. Los capítulos 5 y 6 contienen consejos del día a día sobre la lectura del estado de la tesorería y la gestión del proceso de cobros para evitar la bancarrota, algo que muchos gerentes aprenden cuando ya es tarde.

Los capítulos 7 y 8 se centran en el balance general: su funcionamiento e importancia para medir la salud de una pequeña empresa. Estos capítulos harán de usted una persona informada mostrándole cómo analizan los banqueros la información proporcionada por esta cuenta y cómo puede utilizar este conocimiento para su provecho. El capítulo 9 pone de relieve cómo se relacionan el estado de resultados, el estado de la tesorería y el balance general a medida que la empresa lleva a cabo sus transacciones cotidianas. Finalmente, estas declaraciones se convertirán en algo tan habitual para usted que podrá anticipar mejoras o ver riesgos antes de que se produzcan. El capítulo 10 estudia los elementos clave de todo el libro a través de una singular entrevista con el exitoso empresario Norman Brodsky.

Mi deseo es que usted adquiera tanto conocimiento como sabiduría. El conocimiento nos permite mirar un termómetro, por ejemplo, y ver que la temperatura exterior es de 35 grados. No obstante, el conocimiento solo es beneficioso cuando se combina con la sabiduría. La sabiduría le dice que, con esta temperatura exterior, se ponga un pantalón corto y unas sandalias en lugar de ropa de invierno. Lamentablemente, la mayor parte de la formación empresarial se centra más en el conocimiento que en la sabiduría. He conocido a empresarios que aprobaron sus cursos de contabilidad con las mejores calificaciones, que sabían definir hasta el último elemento de su estado financiero, y que, sin embargo, no tenían ni idea de que si su margen bruto caía por debajo del 30 %, su negocio estaría camino de una rápida bancarrota.

Los estados financieros miden unos acontecimientos que ya se han producido y establecen dónde está un negocio en un determinado momento. El gran desafío para el director de una pequeña empresa es adquirir la sabiduría necesaria para utilizar estos datos a fin de identificar oportunidades, gestionar los riesgos cuando aparezcan y predecir lo que le sucederá a la empresa en el futuro si toma hoy determinadas decisiones.

## ¿POR QUÉ DEBERÍA ESCUCHAR
## A DAWN FOTOPULOS?

He trabajado más de 20 años en el ámbito comercial como agente de bolsa de Wall Street; he servido como vicepresidenta en el Consumer Bank en Citigroup, donde dirigía el Grupo de *marketing* para las tarjetas de débito y crédito, la línea de productos con un crecimiento más rápido y más rentable de la institución en aquel momento; y durante muchos, muchos años fui una empresaria en serie. También he fundado más de 80 empresas y líneas de productos en ámbitos tan diversos como los servicios económicos, artículos de consumo, desarrollo inmobiliario, alta tecnología y organizaciones sin fin de lucro.

En este momento soy profesora adjunta de Comercio en el King's College de Manhattan, donde enseño principios de gestión, estrategia comercial e introducción al *marketing*, y he sido conferenciante invitada en la Columbia Business School, profesora adjunta en la Escuela Stern de Negocios de la Universidad de Nueva York y facilitadora certificada de los programas para emprendedores Kauffman FastTrac®.

Además, soy CEO de la organización nacional Job Creator's Alliance, fundada por Bernie Marcus, creador de Home Depot. Mi papel es realizar comparecencias mensuales en los medios de comunicación para defender políticas que estimulen la fundación de nuevas empresas y la creación de empleo.

Soy fundadora de Best Small Biz Help.com, mi blog galardonado y web de recursos, cuya misión es conseguir que los pequeños empresarios aumenten sus beneficios con recursos limitados en cualquier economía. El «botón de alarma» de ayuda técnica de la web ofrece un estudio en directo sobre las presiones que experimentan nuestros destinatarios: los pequeños empresarios.

Mi amplia experiencia en el diagnóstico de empresas enfermas en los principales ámbitos del mercado ha resultado de un enorme valor tanto para estudiantes como para pequeñas empresas. No podemos pretender que gestionar con éxito una pequeña empresa no sea una tarea compleja y desafiante.

* * *

Que el título de este libro no le confunda: *Contabilidad para numerofóbicos* no trata solo de números, contabilidad o estados financieros, sino del futuro de su empresa. Su propósito es equiparle para que consiga una adecuada compensación por su talento de modo que pueda sostener su hogar y su familia. Pretende enseñarle a usar sus capacidades, dones y experiencia para que tenga algo tangible que mostrar por su arduo trabajo y noches en vela. *Contabilidad para numerofóbicos* quiere darle una hoja de ruta para que su pequeño negocio no se convierta en una mera estadística como sucede en el 50 % de los casos. Quiere impartir a quienes gestionan pequeñas empresas —desde la oficina, el local comercial, o desde el sótano, el garaje o la mesa del comedor— la libertad de seguir soñando y que este sueño se haga realidad vaya como vaya la inestable economía.

Este libro tiene una vocación: enseñarle a llevar un registro mediante la lectura de sus parámetros financieros esenciales y la comprensión de lo que estos le dicen que haga. De este modo, gestionar una pequeña empresa puede ser algo divertido y no aterrador. Usted podrá anticipar el futuro en lugar de convertirse en su víctima. Cuando lleguen las facturas, tendrá efectivo para hacerles frente. Y lo que es más importante, tendrá una estrategia comercial para conseguir el éxito.

## LO QUE APRENDERÁ

- Su panel de instrumentos financieros es la clave para mantenerse al día y cuantificar su progreso. Aprenda a servirse de él para tomar decisiones sabias.

- Debe gestionar el negocio basándose en el margen bruto, no en los ingresos. Trabaje mucho menos y aumente beneficios.

- Una pequeña empresa puede mostrar beneficios y aun así estar camino de la bancarrota. Le enseñaremos a evitar este peligro.

- Debe cobrar las facturas pendientes. Este libro hace que esta tarea sea sencilla.

- Expertos que han sabido capear el temporal de la gestión de pequeñas empresas le darán consejos de valor incalculable para poner sus pies en el camino de los beneficios en cualquier entorno económico.

Sea que esté ya gestionando un pequeño negocio o sencillamente planteándose la posibilidad de hacerlo, estas páginas le serán un inmenso beneficio.

Tiene, pues, dos opciones: dejar que los números sigan intimidándole y esclavizándole para siempre a costosos consejeros o leer este libro, vencer sus temores y aprender a llevar su negocio por el gratificante camino de la rentabilidad y de un positivo y previsible flujo de efectivo. Sea usted un pequeño empresario soñador, un propietario, administrador o proveedor, necesita saber lo que encontrará en estas páginas. Aunque otras empresas tengan dificultades, la suya podrá elevarse por encima de la refriega y prosperar. Esta es mi oración para usted. Comencemos, pues, aprendiendo a hacer un seguimiento de los beneficios mediante el estado de resultados.

# CONTABILIDAD PARA NUMEROFÓBICOS

# CAPÍTULO 1

# Su panel de instrumentos financieros

El estado de resultados, el estado de la tesorería y el balance general

---

La contabilidad es un tema *realmente* extenso y complicado. No es, pues, extraño que muchos directores de pequeñas empresas quieran delegar todo lo que tenga que ver con los números a los «expertos en números»: contables certificados, tenedores de libros, banqueros y abogados fiscales. Puede que este sea su caso. Si términos como principios contables del GAAP, legislación tributaria, débitos y créditos e impresos fiscales le estresan, no se preocupe. En primer lugar, no está solo. En segundo lugar, este libro no va a cubrir estos temas. Sí va, no obstante, a confrontarle con una verdad que no puede permitirse negar: *si quiere dirigir bien un negocio, tiene que ser competente en el manejo de ciertos números. Dicho sencillamente, debe ser capaz de leer y entender su cuadro de instrumentos financieros.*

Piense en el tablero de su coche. Tiene un velocímetro, un indicador de combustible y un medidor de la presión del aceite. Estos instrumentos indican cuestiones vitales del funcionamiento de su vehículo.

Le ofrecen una información muy importante sobre la velocidad a la que se desplaza, la cantidad de combustible que tiene en el depósito y el estado del motor. Si alguno de estos instrumentos no funciona correctamente o usted no entiende la información que le proporciona, muy pronto le pondrán una multa, se quedará sin combustible o tendrá que cambiarle el motor a su vehículo.

De igual modo, su **panel de instrumentos financieros** tiene tres indicadores que debe entender bien para gestionar su empresa: el estado de resultados, el estado de la tesorería y el balance general. Estos indicadores miden los signos vitales de sus operaciones comerciales. Le ofrecen una información muy importante sobre los beneficios que genera su negocio, cuánto efectivo tiene en el banco para trabajar y cuál es el estado general de salud de su empresa en un momento determinado. Esta información le ayuda a tomar decisiones sabias y oportunas que permitirán que su negocio suene como un vehículo bien ajustado. ¿Y sabe qué? Su tenedor de libros no va a tomar estas decisiones en lugar de usted. Su función es garantizar que usted tenga los datos exactos y oportunos de sus transacciones comerciales para enviárselos a su contable público certificado, quien, por cierto, tampoco va a tomar estas decisiones. Su tarea es preparar sus impuestos y evitar que se le someta a una auditoría.

Es completamente posible que las personas a las que ha confiado sus números estén haciendo un trabajo excelente pero que usted esté dirigiendo su negocio hacia una zona de peligro económico. Es posible que usted esté gastando el dinero en cosas erróneas. Como director empresarial, puede que esté endeudándose de forma desmesurada sin comprender lo rápido que esta actitud puede hundir el negocio. *Es usted el que está al volante.* Y si no entiende bien el panel de instrumentos financieros, estará conduciendo con los ojos vendados.

Lamentablemente, esto es exactamente lo que, según la Administración estadounidense de pequeñas empresas (SBA por sus siglas en inglés), están haciendo más del 85 % de los directores de pequeñas empresas del país. No es de extrañar que un 40 % de estos negocios no consigan sobrevivir ni cuatro años. Si está al corriente de esta estadística, es posible que también lo esté de la explicación que suele darse en el sentido de que esto se debe a una falta de fondos iniciales o a la comercialización de productos y servicios inviables. Pero esto no es así. Hay fondos iniciales de sobra y mercados suficientemente amplios para que el negocio que usted gestiona encuentre clientes nuevos y leales. Las pequeñas empresas quiebran principalmente por *una mala administración*. Si quiere evitar la bancarrota y alcanzar el destino más importante —beneficios sostenibles y flujo de caja libre— ha de asistir a las clases de conducción necesarias para manejar un vehículo rentable para los productos o servicios que usted administra. Tiene que acostumbrarse a leer con fluidez lo que le revela su panel de instrumentos financieros sobre su negocio.

La buena noticia es que usted está del todo cualificado para convertirse en un experto. ¿Que cómo lo sé? Porque he enseñado a cientos de directores de pequeñas empresas —algunos de ellos, acérrimos numerofóbicos— lo que estoy a punto de enseñarle a usted. Les he visto entender los conceptos y experimentar muchos momentos «ajá», comenzando de inmediato a ver dónde estaban los riesgos y las oportunidades porque finalmente entendían cómo debían responder a los números del estado de resultados, el cuadro de los flujos de tesorería y el balance general.

Mi objetivo en este capítulo es ampliar su vocabulario financiero más allá de palabras como «bancarrota» y «multimillonario». Si es usted como la mayoría de los directores de pequeñas empresas, puede que esté familiarizado con algunos (o la mayoría) de los términos financieros de este libro, pero que se sienta completamente perdido cuando se trata de comprender su significado e implicaciones prácticas. Esto es como conducir por la autopista sin entender el sentido de las señales de tráfico. Cuando usted ve una señal que consigna el número «65», necesita varios niveles de conocimiento para entenderla. Tiene que saber lo que es un límite de velocidad y que, en esta zona, se espera que el marcador de su velocímetro se mantenga en el punto «65» o por debajo. También debe saber lo que implica esta señal: si usted sobrepasa este límite, corre el riesgo de que se le sancione por exceso de velocidad. Puede que hasta se le retire la licencia de conducción si excede dichos límites con demasiada frecuencia.

Los números de sus documentos financieros son como esta señal que limita la velocidad. La señal no tiene que comunicar todas estas cosas explícitamente; en su momento se le enseñó lo que esta significaba, y si lleva cierto tiempo conduciendo, y especialmente si alguna vez le han puesto una multa por exceso de velocidad, ya sabe cuáles son sus implicaciones. Aunque la señal es pequeña, el significado es importante. Lo mismo sucede con los pequeños números de su panel de instrumentos financieros. Hay ciertos matices y calibraciones esenciales que debe aprender en la toma diaria de decisiones comerciales.

Comencemos, pues, a aprender la jerga. Voy a comenzar con una aproximación básica a estos tres estados financieros y a los datos que recogen, junto con una breve introducción a algunas de las implicaciones que tienen estas mediciones para la gestión de su negocio. Comencemos con su velocímetro: el estado de resultados.

## EL ESTADO DE RESULTADOS

El **estado de resultados**, también conocido como «cuenta de resultados» o «cuenta de pérdidas y ganancias», revela si un determinado negocio está generando beneficios, se mantiene en el punto de equilibrio o tiene pérdidas. Si no lo sabía, no se preocupe. Muchos directores de pequeñas empresas tampoco lo saben. Una pequeña empresaria que dirigía una serie de peluquerías para niños asistió a uno de mis seminarios. Cuando le expliqué que todos estos términos significaban exactamente lo mismo, dio un salto y dijo: «¿Está bromeando? ¿Es *esto* lo que mi contable me ha estado diciendo todos estos años?».

Los contables suelen referirse al estado de resultados como la «cuenta de resultados», sin usar generalmente la palabra «netos» porque está implícita y asumen que usted lo sabe. Y ahora, de hecho, ya lo sabe. Los términos «facturación neta» y «facturación» también se usan indistintamente. Y a veces leerá «ingreso» o «ingresos», en plural, para referirse a la cantidad total de ventas netas. Ninguno de estos términos debe confundirle o dejarle perplejo.

Y, dicho sea de paso, siempre que vea el complemento **bruto** —como beneficios brutos, ingresos brutos o facturación bruta— significa que se está hablando de cifras a las que no se han deducido gastos o descuentos. Siempre que vea el complemento **neto** —ingresos netos, gastos netos o beneficio neto— significa que son cifras a las que se han descontado ciertos gastos. Armado con este sencillo conocimiento, usted está ya muy por delante de la mayoría.

Ahí van las preguntas clave que responde el estado de resultados para quienes administran una pequeña empresa:

- ¿Tiene nuestro negocio algún beneficio?

- ¿Son nuestros productos y servicios los adecuados?

- ¿Estamos poniendo precios a nuestros productos y servicios que nos reportan un beneficio razonable y nos permiten seguir siendo una atractiva alternativa a nuestros competidores?

- ¿Es nuestro margen bruto suficientemente sólido para mantener el negocio?

- ¿Sabemos cuáles son nuestros verdaderos costes directos?

- ¿Cómo sabemos que amortizamos nuestros esfuerzos en *marketing*?

- ¿Tenemos la variedad correcta de clientes?

- ¿Cómo podemos trabajar la mitad y ganar el doble?

El estado de resultados pondrá de relieve si el negocio está generando beneficios, se mantiene en el punto de equilibrio o pierde dinero. Si el resultado neto es positivo, está ganando dinero. Si es cero, está en un punto de equilibrio. Si es negativo, está perdiendo dinero. El resultado neto es lo que queda una vez se han pagado todos los gastos directos e indirectos a partir de los ingresos netos. Este número es la razón por la que usted tiene un negocio. Es el beneficio neto.

¿Por qué es importante saber si su negocio está o no teniendo beneficios? Porque cuando se gestiona una pequeña empresa, se está asumiendo un elevado riesgo y haciendo un enorme sacrificio en términos de tiempo y esfuerzo. No sé cómo es usted, pero en mi caso, trabajar 12 horas al día para mantener el negocio sin que mi cuenta de ingresos netos muestre beneficios, me pone de muy mal humor. Algunos directores de pequeñas empresas están durante meses sin beneficios (¡otros persisten en esta estresante situación durante décadas!). Francamente, no es extraño que más del 40 % de las pequeñas empresas no lleguen a su cuarto año de vida. Lo que es un milagro es que llegue el 60 %. Sin beneficios constantes y crecientes, su pequeña empresa puede estar funcionando (al menos de momento), pero *no está yendo a ninguna parte*.

En el próximo capítulo, revisaremos el estado de resultados línea por línea para que usted pueda entender cada uno de los factores que afectan la cifra final. Aprenderá exactamente dónde debe hacer pequeños ajustes cuando ve que los beneficios van disminuyendo. Algunas de las principales áreas que analizaremos son las siguientes (no se preocupe: ¡iremos hablando de estas y otras cosas con más detalle!):

- *Su estrategia de precios.* Los precios tienen un efecto directo sobre el resultado neto, y no solo ahora, sino en el futuro. Los precios que su negocio adjudica a sus talentos, productos o servicios influyen en el número de clientes que los comprarán. Le enseñaré a determinar los precios de sus productos o servicios y a reconocer cuándo ha llegado el momento de cambiarlos.

- *Diversificar la base de clientes.* Cada cliente que le compra aporta flujos de efectivo al negocio, como una empresa en una cartera de inversión. Y como en cualquier cartera de inversión saludable, la de una pequeña empresa debe tener muchos clientes, y ninguno de ellos debería representar más del 15 % de sus ingresos netos. Esta diversidad modera el riesgo impidiendo que ningún cliente ponga en peligro la salud de la empresa. Los directores de las pequeñas empresas deben aprender a orientarse hacia clientes potenciales y gestionar bien a los existentes para que ningún cliente pueda poner en riesgo una parte sustancial de sus ingresos.

- *El margen bruto (por producto y por cliente).* La mayoría de los directores de pequeñas empresas no saben que los negocios no se gestionan según los ingresos, sino según el **margen bruto**, que es el beneficio bruto de que disponen para pagar todos los gastos operativos. Comprender el margen bruto es un elemento crucial del papel que usted desempeña en su pequeña empresa. Si no lo entiende, puede mantener productos o servicios que, de hecho, deberían abandonarse porque generan pérdidas. Puede mantener clientes que solo compran los productos o servicios con los márgenes más bajos porque no tiene ni idea de que cada vez que compran *la empresa tiene que poner dinero.* Es incluso posible que la empresa tenga problemas para hacer frente a los pagos y no sepa por qué. Muchos pequeños empresarios intentan resolver este problema vendiendo más, pero con ello solo consiguen hundir el negocio en un agujero financiero más profundo. Usted aprenderá a realizar ajustes estratégicos para productos y clientes para no caer en esta trampa.

- *Gastos fijos y variables.* Igual que sucede con los ingresos, no todos los gastos son de la misma naturaleza. No solo entenderá las diferencias, sino que aprenderá sencillas estrategias que le ayudarán a administrar los gastos de forma efectiva para que su negocio crezca.

- *Costes de* marketing *y rendimiento del capital invertido.* Los pequeños empresarios están despilfarrando millones de dólares en programas de mercadotecnia mal concebidos, cruzando los dedos para que algo funcione. La estrategia de invertir sin ton ni son, esperando dar aleatoriamente en el blanco, nunca funciona. En unas conferencias dirigidas a pequeñas empresas, un publicista me preguntó cuál era mi presupuesto de mercadotecnia con el deseo de venderme un programa de *marketing* muy caro. Yo le respondí que aquella era una pregunta irrelevante y le sugerí que me preguntara cuántos clientes necesitaba, de qué tipo, dentro de qué marco temporal y qué sería necesario para alcanzarlos. Solo entonces podríamos tener una conversación inteligente sobre cómo diseñar una estrategia de mercadotecnia para concretar y evaluar el rendimiento de la inversión. En los próximos capítulos aprenderá a ver cómo está realmente afectando el *marketing* de su empresa a su resultado neto para que pueda proteger e incrementar sus beneficios.

Como verá, hay muchas formas de aumentar los beneficios de un negocio, y algunas de ellas se pueden implementar de forma más rápida y fácil de lo que imagina. Estos acercamientos han ayudado a recuperar cientos de negocios deficitarios. A medida que utilice las estrategias presentadas en este libro, no solo estimulará la rentabilidad a corto plazo, sino que comenzará a predecir cómo evolucionarán los beneficios a largo plazo gracias a las decisiones

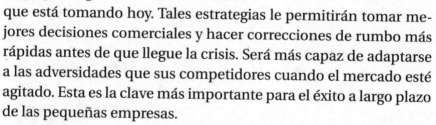

que está tomando hoy. Tales estrategias le permitirán tomar mejores decisiones comerciales y hacer correcciones de rumbo más rápidas antes de que llegue la crisis. Será más capaz de adaptarse a las adversidades que sus competidores cuando el mercado esté agitado. Esta es la clave más importante para el éxito a largo plazo de las pequeñas empresas.

Como ya he dicho, su cuenta de ingresos netos es como el velocímetro de su vehículo. Es el indicador que debe consultar frecuentemente —*al menos cada 30 días*— para asegurarse de mantener un saludable dinamismo. El estado de resultados le permite saber si los beneficios crecen o disminuyen. Recuerde que los beneficios fluctuarán cada mes porque las ventas están sujetas a determinados ciclos estacionales con los que hay que contar. El verdadero desafío es anticipar aquellos meses con beneficios bajos para que el negocio pueda siempre pagar gastos y seguir siendo viable.

No obstante, su cuenta de ingresos netos —su velocímetro— no le va a decir qué distancia podrá recorrer antes de repostar combustible. Hablemos, pues, ahora de su indicador de combustible: el estado de la tesorería.

## EL ESTADO DE LA TESORERÍA

Ya sabe que si no quiere que su vehículo se detenga junto a la carretera, una buena idea es ir mirando el indicador de combustible. Este indicador se mueve entre dos puntos: «lleno» y «vacío». Piense al respecto. El indicador de combustible *no le dice* que debe comprar combustible si la aguja está más cerca de «vacío». *Le toca a usted* deducirlo o sufrir las consecuencias. También es su responsabilidad saber que, con un depósito de combustible, su vehículo puede recorrer una determinada distancia. Si usted conduce un SUV de ocho cilindros y 400 caballos, por ejemplo, sabe, entonces, que su automóvil gasta más gasolina que un lanzallamas.

El efectivo es para su negocio como el combustible para su automóvil. Como cada vehículo, cada negocio consume efectivo a un ritmo distinto.

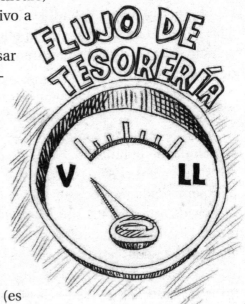

Pero usted no puede basar su idea del consumo en conjeturas, debe *medirlo*. Las conjeturas son el carril directo a la bancarrota. Cuando se le agota el efectivo se acaba la partida.

El **estado de la tesorería** mide el flujo de efectivo que entra y sale de su negocio. Este indicador actúa como su talonario personal de cheques. Usted comienza (es de esperar) con un balance positivo de efectivo a principio de mes. El dinero entra por pagos de clientes, inversiones o préstamos, y sale para pagar facturas y salarios. El dinero que queda se transfiere a la página siguiente para comenzar el nuevo ciclo mensual.

Hay tres principales fuentes de efectivo para las pequeñas empresas, y no todas son iguales. Obtenemos efectivo de operaciones comerciales, de préstamos bancarios (que han de devolverse) o de inversores (que demandarán implacablemente su compensación). El dinero procedente de operaciones comerciales es, con diferencia, el mejor combustible para su empresa. Se trata del dinero generado directamente por la venta de productos o servicios a clientes con un beneficio y compensación. No hay que pagar ningún interés por él, ni hay que devolverlo. No tiene que utilizarlo para alimentar a inversores hambrientos. Es un dinero que ha ganado. Este efectivo es de la empresa para que los propietarios y administradores lo dediquen a lo que crean conveniente. La empresa debería obtener una compensación por todos los riesgos que asume al ofrecer productos y servicios en entornos económicos tanto propicios como difíciles.

Dicho esto, hay varios factores que determinarán si este maravilloso combustible entra o no en el depósito de combustible de la empresa *antes* de que el indicador llegue a «vacío». Ahí van algunos aspectos de su negocio que debe aprender a ajustar si quiere crear y mantener un saludable flujo de dinero procedente de operaciones comerciales:

- *Su política de facturación.* La mayoría de los directores de pequeñas empresas toman a la ligera la importancia de este asunto, pero la facturación puede construir o destruir nuestra relación con los clientes. Es también indispensable para maximizar el flujo de efectivo. Aunque usted haya perfeccionado la fijación de precios y sus registros muestren un buen volumen de ventas, si no consigue que sus clientes paguen con suficiente rapidez, el negocio va a tener problemas. En un mercado lento, los pagos llevan más tiempo, especialmente si tiene tratos comerciales con empresas que compran grandes cantidades por adelantado y pagan *a posteriori*. En el capítulo 5 le mostraré formas sencillas y creativas de cobrar el importe de sus facturas a su presentación y desarrollar relaciones sólidas y permanentes con sus clientes. Esto marcará una enorme diferencia con respecto al efectivo disponible para invertir en su negocio al final y comienzo de cada mes. Fortalecerá su capacidad para hacer frente a sus gastos aun cuando haya pocos ingresos, y le hará menos vulnerable a los proveedores de fuentes externas de efectivo que rara vez le ofrecen condiciones ventajosas.

- *Políticas de cobro*. Cuando dirige un negocio, le guste o no, usted se convierte en un agente de cobro. Cobrar a los clientes morosos es, a menudo, tan agradable como someterse a una endodoncia. Las condiciones de cobro no deben presentarse en el último momento. Deberían comunicarse por adelantado y de maneras que fortalezcan las relaciones con los clientes a largo plazo. La mayoría de directores de pequeñas empresas no tienen ni idea de cómo hacer esto de manera productiva ni de cuáles son las consecuencias si no lo hacen. En los capítulos 5, 6 y 10 aprenderá varias formas de mejorar significativamente sus políticas y flujo de efectivo con un esfuerzo mínimo.

- *Ampliaciones de crédito*. ¡Qué incautos son muchos pequeños empresarios! Una vez tienen el pedido firmado, están tan entusiasmados que no se dan cuenta de que acaban de entregarle al cliente las llaves del reino. El capítulo 6 le ayudará a ser muy sensato cuando se trata de ampliar el crédito y de gestionar el riesgo a la baja, y créame, hay un riesgo a la baja.

- *Trato con los proveedores.* Los proveedores son una parte clave de la cadena de valor de cualquier pequeña empresa, especialmente si los productos o servicios que ofrecen son indispensables. Sin embargo, si su pequeña empresa no representa una parte importante de los ingresos de un determinado proveedor, corre el riesgo de que le traten como un hongo tóxico. (Exagero un poco, pero bien podría quedar relegado a los últimos lugares de la cola, con la consideración de «cliente molesto»). En el capítulo 6 aprenderá a gestionar las expectativas de pago con los clientes y a negociar plazos favorables de pago con los proveedores.

- *Trato con el banco.* Puede que no lo sepa, pero el banco no es su amigo. Los anuncios en horas de máxima audiencia dicen lo contrario, pero la verdad emerge cuando presenta la solicitud para un préstamo. De repente, descubre que acaba de caerse por el agujero del conejo de la ficción de Lewis Carroll. Como antigua banquera, le mostraré el mundo desde la perspectiva del banco y le enseñaré a controlar de cerca los flujos provenientes de préstamos en su flujo de tesorería. El capítulo 8 le conducirá por un sencillo análisis que podría transformar la relación bancaria de cualquier pequeña empresa.

En los próximos capítulos verá cuadros de flujos de tesorería de empresas como la que usted gestiona —sea de productos o de servicios— y consideraremos cómo se pueden mejorar. No le llevará mucho tiempo convertirse en un perspicaz diagnosticador cuando mire este indicador de liquidez en su panel de instrumentos. Pronto estará llevando a cabo acciones fáciles y estratégicas que, casi de la noche a la mañana, pueden mejorar su flujo de tesorería a partir de operaciones comerciales.

Estas son algunas preguntas básicas que responde el cuadro de los flujos de tesorería:

- ¿Cuenta mi negocio con suficiente efectivo para hacer frente a todos los gastos durante los próximos tres meses?

- ¿Cuáles son los gastos que podrían reducirse significativamente y cuáles son indispensables para el negocio?

- ¿Cómo planifico las necesidades de efectivo durante los meses duros del año?

- ¿Cuándo es el mejor periodo para solicitar una línea de crédito y cómo la gestiono?

## EL BALANCE GENERAL

Vayamos, por último, al medidor de la presión del aceite de nuestro panel de instrumentos financieros, el balance general. Este indicador no parece demasiado interesante en un principio, pero para su banquero o prestamista se trata de una información especialmente atractiva. Si quiere conocer el estado general de salud y solvencia de cualquier negocio, su balance general se lo revelará fácilmente, si sabe interpretar correctamente sus datos. El **balance general** recoge todos los préstamos y deudas u obligaciones pendientes en los que la empresa ha incurrido desde sus inicios, así como el valor neto de todos los activos de la empresa. Algunos activos son líquidos (efectivo) y otros son no líquidos, o que no pueden convertirse fácilmente en efectivo (los edificios, por ejemplo). Algunos activos son posesiones tangibles (productos, equipamiento, etc.) y otros son intangibles (el valor de la marca, fondo de comercio, etc.).

Debe entender cada uno de estos elementos del activo y pasivo y comprender cómo influyen en el **valor neto** de su negocio. Su activo neto, lo que muestra el balance general, es simplemente la diferencia entre lo que la empresa posee y lo que debe. (A veces se alude al activo neto como **patrimonio neto**, haya uno o varios propietarios). Este número puede ser positivo o negativo. Como posiblemente ya ha adivinado, un activo neto negativo significa que la empresa debe más de lo que posee.

Hay dos razones por las que su objetivo debe ser un valor neto positivo. En primer lugar, esta situación hace que su empresa sea más atractiva para las entidades financieras si usted quiere y necesita solicitar un préstamo. En el capítulo 8 le daré el punto de vista de un banquero sobre su balance general. Veremos cómo deben influir los números en el momento de pedir un préstamo y la clase de crédito que debe evitar si no quiere fundir el motor de su empresa.

En segundo lugar, un valor neto positivo posiciona a una empresa en un buen lugar para ser vendida si ello fuera necesario o deseado. No se preocupe: en este libro no le aburriré con los pormenores de la venta de una empresa. Pero hay que prepararse para esta posibilidad, y esto significa estar al tanto de cuál es el valor del negocio y cuáles de sus activos son transferibles. Una buena parte de esta información se refleja en su balance general.

Básicamente hay dos maneras de dirigirse hacia un valor neto positivo: haciendo subir el valor de los activos y disminuyendo los pasivos. A veces la economía es de gran ayuda en esto. Si usted compró una casa en 1990 y todavía la tiene, esta casa, un activo, ha ganado valor simplemente porque la demanda ha sido muy fuerte. El valor de los activos se ha incrementado, con lo cual lo ha hecho también su activo neto sin que usted haya hecho otra cosa que mantener la estructura. Disminuir los pasivos consiste en supervisar que, a medida que va creciendo, la empresa no

pide más crédito del que realmente necesita. Igual que una familia, también una empresa puede asumir una cierta deuda y aun así seguir avanzando. Es posible llegar a un punto sin retorno en el que la deuda ha llegado a ser tan grande que se hace imposible devolverla. Cuando esto sucede, una vez más el juego ha terminado.

Tristemente, muchos pequeños empresarios están reduciendo el valor de sus activos e incrementando sus pasivos sin ni siquiera darse cuenta. En el capítulo 7 veremos numerosos ejemplos de cómo algunos directores inteligentes y bienintencionados han encontrado formas muy creativas de reducir el valor de sus activos, contraer una deuda agobiante y destruir finalmente todo aquello por lo que han trabajado toda su vida. Quiero mostrarle exactamente cómo evitar este desenlace.

Estas son algunas de las preguntas que debería hacerse al leer su balance general:

- ¿Tiene la empresa una deuda excesiva?

- ¿Proporciona buenos beneficios la deuda que soporta?

- ¿Son las deudas de la empresa del tipo adecuado?

- ¿Está el valor de los activos creciendo o reduciéndose en relación con el pasivo?

- ¿Cuánto capital circulante tiene la empresa?

- ¿Tiene la empresa un inventario excesivo o insuficiente?

* * *

Es de esperar que esta introducción a su panel de instrumentos financieros le haya permitido vislumbrar la conveniencia de invertir cierto tiempo familiarizándose con el lenguaje del estado de resultados, el estado de la tesorería y el balance general. En el capítulo 9 unificaremos todas estas cosas y explicaremos cómo se relacionan entre sí cada uno de estos extractos. Verá también que, tras examinar estos tres indicadores, los empresarios podrán

tomar mejores decisiones a fin de conseguir mayores beneficios, mejor flujo de tesorería e incrementar el activo neto de la empresa. El capítulo 10 es una entrevista con el famoso emprendedor Norman Brodsky, que nos ofrece inestimables consejos para gestionar mejor las pequeñas empresas.

Sé muy bien que los pequeños empresarios tienen poco tiempo libre. Pero sé también que la lectura de este libro es una de las mejores inversiones de tiempo que puede usted hacer para aprender a dirigir una pequeña empresa. Hágase un favor y hágaselo también al mundo negándose a formar parte de las miles de personas innovadoras y capaces, con grandes ideas, servicios y productos, que han acabado naufragando o atascadas en las zanjas del comercio. Este libro desmitificará algunos principios esenciales que usted puede aplicar para mejorar sus beneficios, flujo de tesorería y activo neto.

## INSTRUMENTOS CLAVE

▶ Tres extractos clave que constituyen su panel de instrumentos financieros para ayudarle a monitorizar la salud de la empresa: el estado de resultados, el estado de la tesorería y el balance general.

▶ El estado de resultados pone de relieve si una determinada empresa está generando beneficios, se encuentra en un punto de equilibrio o tiene pérdidas. Los directores deberían analizarlo cada mes una vez que el contable o tenedor haya cuadrado las cuentas mensuales. Esta cuenta mostrará el desarrollo de la empresa durante aquel mes.

▶ Los beneficios fluctuarán de mes en mes debido a los cambios estacionales en la demanda de diferentes productos y servicios. Intente mantener unos beneficios positivos hacia el final de cada trimestre.

▶ El estado de la tesorería señala las entradas y salidas de efectivo con las operaciones. Este extracto le permite saber si la empresa podrá hacer frente a los gastos durante el próximo mes o trimestre. Este informe mostrará también hasta cuándo podrá la empresa mantenerse sin otras fuentes de liquidez. Los mejores directores de pequeñas empresas que he conocido consideran semanalmente el estado de la tesorería. Los niveles de efectivo son clave.

▶ El balance general recoge todos los resultados de las operaciones empresariales desde el comienzo. Es una instantánea de la salud de la empresa en un determinado momento. La diferencia entre el activo (lo que una empresa posee) y el pasivo (lo que debe) revela el patrimonio —activo o valor neto— de la empresa.

▶ El aumento del valor de los activos y el descenso en el pasivo indican que el activo neto está mejorando. Este debería ser uno de sus objetivos.

# CAPÍTULO 2

# El estado de resultados

## La clave para aumentar los beneficios

Como vimos en el capítulo 1, la primera pregunta que contesta su panel de instrumentos financieros es si la empresa tiene o no beneficios. El estado de resultados muestra la respuesta a esta cuestión candente.

La vista panorámica del estado de resultados se desglosa así:

- **Ingresos netos** (es la cifra de ventas menos cualquier deducción; es el dinero que llega a su empresa).

- Menos: **Coste de los artículos vendidos** (es el coste directo de sus productos o servicios).

- **Margen bruto** (es lo que queda antes de descontar los costes operativos).

- Menos: **Gastos fijos** (son gastos como el alquiler).

- Menos: **Gastos variables** (son gastos como el *marketing*).

- **Beneficios antes de impuestos** (EBT por sus siglas en inglés).

- Menos: **Impuestos** (¡son los gastos que no puedes olvidarte de pagar!).

- **Resultado neto** (es lo que queda para la empresa: los beneficios. Este número revela si la empresa es rentable y cuantifica los beneficios).

Nuevamente, pues: los ingresos netos menos el coste de los artículos vendidos (COGS por sus siglas en inglés) nos dan el margen bruto. El margen bruto menos los gastos (fijos y variables) nos dan los beneficios antes de impuestos. Los beneficios antes de impuestos menos los impuestos nos dan el resultado neto. A mí me parece muy sencillo, pero yo me he formado en las trincheras. Lo importante —la razón de este libro— es que estas cosas lleguen a ser sencillas para usted.

## PARTIDAS DE SU ESTADO DE RESULTADOS

Como ayuda para personalizar la experiencia de leer el estado de resultados, le pondré a usted en el «simulador» de mi empresa. ¡Felicidades! Usted es ahora director o directora de una empresa muy creativa llamada Bedazzled, Inc. Este es el nombre de mi primera empresa, que creé cuando era joven e insensata y cuando, como la mayoría de los propietarios de pequeñas empresas, ¡no tenía ni idea de cómo interpretar el estado de resultados! A lo largo de este libro irán apareciendo relatos de aquella experiencia (juventud, divino tesoro, ¡te vas para no volver!). Espero que mis errores puedan iluminar su proceso de toma de decisiones.

¿Qué, pues, hará usted como flamante director de Bedazzled? La empresa serigrafía maravillosas camisetas playeras, que usted vende por millares a minoristas bien conocidos y *boutiques*. Veamos cómo les va a los ingresos netos de Bedazzled echando un vistazo a diferentes partidas de su estado de resultados.

## Ingresos netos

Quizá haya oído hablar a su contable público o a algún financiero de su «línea superior». Se refieren a la primera línea del estado de resultados. (¿No le encanta cuando algo cobra sentido?). Su línea superior son sus **ingresos netos**. Es la cifra de ventas del mes, menos los descuentos que haya hecho a sus clientes. Para lo que nos ocupa, esta cifra es la misma que la de las ventas netas. Cada vez que suena la caja registradora o factura a un cliente, los ingresos netos suben. Es hermoso que entre dinero en su empresa. (Para los puristas, reconozco que puede haber otras fuentes de ingresos para las empresas, como los que proceden de intereses, pero vamos a simplificar y daremos por sentado que los ingresos netos y las ventas netas son lo mismo).

Calcular los ingresos netos de Bedazzled, Inc. es bastante sencillo. Solo hay que multiplicar el número de camisetas vendidas por lo que ha cobrado por cada una. Ahí va de forma abreviada:

(Número de camisetas vendidas) × (Precio unitario) = Ingresos netos

Así, si se ha vendido una camiseta por 10 dólares, los ingresos netos serán 10 dólares. Si se han vendido 1.000 camisetas a 10 dólares cada una, los ingresos netos serán en este caso de 10.000 dólares. Esto es bastante fácil de entender. Si diez clientes compran distintas cantidades de camisetas y se trata de determinar un total de ingresos, solo tendrá que sumar todos los subtotales de cada venta y obtendrá el total de ingresos netos del mes. Cualquier solución informática de computadora o en la nube llevará a cabo automáticamente estas operaciones. Alguien de la empresa, el propietario, el director o el contable, solo tiene que introducir las cifras de cada venta y deducir cualquier descuento efectuado.

¿Qué sucede si tienen una línea de productos con distintas camisetas y a precios distintos? Digamos, por ejemplo, que usted ofrece una camiseta serigrafiada con una mariposa por 12 dólares y otra con una concha de mar por 15 dólares. Comparemos dos pedidos de dos clientes distintos:

- El cliente A compra 20 camisetas: 10 de mariposas y 10 de conchas de mar. ¿Cuál es el total de ingresos que ha generado el cliente A?

10 mariposas × 12 dólares = 120 dólares

10 conchas de mar × 15 dólares = 150 dólares

**Total de ingresos del cliente A = 270 dólares**

- El cliente B compra 20 camisetas con el diseño de la concha de mar. ¿Cuál es el total de ingresos generados por el cliente B?

20 conchas de mar × 15 dólares = 300 dólares

**Total de ingresos del cliente B = 300 dólares**

¡Exacto! El cliente B compró *el mismo número de camisetas, pero generó más ingresos*, 30 dólares más, para ser exactos. ¿Por qué? Porque las camisetas con la concha de mar eran un poco más caras que las de la mariposa. Comparando el impacto que tiene cada cliente en sus ingresos netos, está claro que el cliente B ofrece más a su línea superior que el A.

Pero no se confunda. Aunque el cliente B pagó más por sus camisetas, usted no sabe todavía si este es más rentable que el A. Hasta ahora solo tenemos información de ingresos o ventas. Todavía no hemos calculado el coste de cada venta. Este ejemplo ilustra una importante verdad: el hecho de que las compras de un determinado cliente sean mayores que las de otro no significa que este cliente sea más *rentable* para la empresa. (Profundizaremos un poco más en las implicaciones de esto). Los pedidos más voluminosos no significan necesariamente mayores beneficios, porque fabricar las camisetas tiene un coste. Este coste directo de fabricación tiene que deducirse de los ingresos netos de cada pedido para saber realmente el grado de rentabilidad de cada venta y de cada cliente. La siguiente línea de su estado de resultados —titulada «Coste de artículos vendidos»— nos ayudará a saber cuál de las camisetas ofrece el margen bruto (también conocido como «beneficio bruto») más elevado para la empresa. Dependiendo de los diseños que compre un cliente, usted podrá decir qué clientes son los más rentables.

## Coste de los artículos vendidos

El **coste de los artículos vendidos (COGS)** es el coste total de los materiales y mano de obra usados en la producción de sus productos. En el caso de las camisetas, los materiales directos son cosas como tejidos, cordón e hilo. Los costes directos de la mano de obra son la serigrafía, el corte y el montaje de las camisetas. Son costes directos porque representan los gastos necesarios para fabricar un producto acabado, listo para la venta. El de los artículos vendidos se considera un *coste directo variable* porque varía con el número de unidades vendidas. Estos costes directos serán distintos para cada producto que vende la empresa. Por ejemplo, resulta que fabricar las camisetas de la concha de mar requiere el doble de gastos en serigrafía que las de la mariposa y que son, por tanto, de fabricación más cara. Esto significa que el coste por unidad de las camisetas de la concha de mar es superior al de las camisetas de la mariposa.

Es absolutamente esencial conocer el **coste por unidad** de cada producto que vende la empresa. Este es el coste directo de los materiales y mano de obra necesarios para crear un producto vendible, se haya o no vendido el producto en cuestión. El coste por unidad es el mismo que el de los artículos vendidos y enviados. El coste por unidad se usa también para medir el valor del **inventario**, que es el de los productos ya fabricados pero todavía no vendidos. Este coste por unidad de los productos puede fluctuar debido a factores externos como el aumento del coste de las materias primas o la mano de obra. Una vez que un producto se ha vendido, la venta se computará en ingresos netos y el coste por unidad se reflejará como COGS en el estado de resultados. Si el producto se ha fabricado pero no vendido se considera inventario, y el coste de fabricación se computará en el balance general, que analizaremos en el capítulo 7. Si no conoce el coste por unidad de cada uno de sus productos, pídale al contable o tenedor que determine este número.

Conocer el coste por unidad es esencial porque se trata de una de las consideraciones clave cuando calculamos el precio de un determinado producto. (Otros factores a tener en cuenta son los competidores y los costes operativos, pero estas cosas las cubriremos en el capítulo 3).

El precio de venta ha de ser *considerablemente* superior al coste por unidad para que un producto sea rentable. Si, por ejemplo, el COGS de la camiseta con la concha de mar fuera de 15 dólares y usted la vendiera a 5 dólares, la empresa estaría perdiendo 10 dólares con cada camiseta vendida. ¡Si estas camisetas comenzaran a venderse masivamente, la empresa agotaría sus reservas más rápido de lo que el gobierno federal liquida los presupuestos anuales! Vender más unidades no produce más beneficios si los costes por unidad son demasiado altos o el precio de venta es demasiado bajo (de hecho, ¡produce *pérdidas*!).

Puede que se esté preguntando: «¿Quién en su sano juicio vendería algo por menos de lo que le ha costado fabricarlo?». En el ejemplo que acabamos de considerar he exagerado mucho para que quede claro lo que quiero decir, pero la verdad es que muchos más empresarios de los que usted se imagina caen en este error. Pocos pequeños empresarios conocen el coste verdadero y completo de los productos que venden, y por ello establecen su precio basándose en falsas suposiciones. De igual modo, quienes gestionan servicios comerciales a menudo tampoco calculan con exactitud los costes, en especial el tiempo. Sin conocer los costes directos completos, establecer el precio se convierte en una conjetura muy cara.

Mi experiencia me dice que, por defecto, suelen fijarse los precios a la baja. Otros empresarios, desesperados por encontrar nuevos clientes, reducen el precio de venta por debajo del coste para estimular las compras. Pregunte a quienes ofrecen grandes descuentos, como Groupon, para encontrar nuevos clientes. Casi todos estos negocios están perdiendo mucho dinero en estas promociones. Y los clientes que encuentran no son leales y rara vez compran una segunda vez al precio normal. La empresa pierde dinero en los gastos de publicidad y en cada producto vendido.

Es cierto que, a veces, algunos negocios pueden tener que fijar precios por debajo del coste. Si una empresa vende artículos perecederos, fuera de temporada o que entran con rapidez en la obsolescencia tecnológica, es lógico que a veces se venda inventario con grandes descuentos para recaudar efectivo. A no ser que una empresa se dedique a la venta de diamantes fuera de lo común o de valiosas antigüedades, la mayoría de los inventarios van perdiendo valor hasta que no tienen ninguno. Es mejor ganar algunos centavos que nada. *Pero esto debería ser la excepción, no la regla.* La norma general es vender los productos por su COGS más un cuarenta y cinco %, para que merezca la pena correr el riesgo de ofrecer el producto en cuestión. Esto ayuda también a garantizar que el margen bruto de cada venta es suficiente para cubrir los gastos operativos de la empresa. Por ejemplo: si el coste de los artículos vendidos es de 5 dólares por unidad, nuestro margen comercial es de un cuarenta y cinco % de 5, o 2,25 dólares, y es fácil fijar un precio de venta mínimo por unidad.

(COGS por unidad 5 dólares) + (2,25 dólares)
= Precio de venta mínimo, o 7,25 dólares

La meta es construir una empresa rentable, no mantener una costosa afición que le dejará en la ruina. Es muy importante que el margen cargado a los costes sea adecuado para que la empresa sea viable.

¿Qué decisiones de gestión pueden tomarse si el precio que se fija para los productos no cubre adecuadamente su coste de fabricación? Propongo tres posibilidades para restablecer la rentabilidad:

1. *Eleve el precio unitario*, pero solo si los clientes están dispuestos a pagarlo.

2. *Recorte el COGS* mediante una revisión técnica de la fabricación.

3. *Elimine el producto del catálogo* si no se va a vender a un precio que cubra el COGS más un 45 % de recargo.

Si es posible elevar el precio por unidad *y* bajar el COGS manteniendo las ventas, ¡le ha tocado la lotería! Una estrategia de *marketing* sólida y unificada puede ayudarle a conseguir esto. Recuerde que si la empresa promueve productos para incrementar las ventas, cuando el precio unitario esté demasiado cerca del coste del producto, esta se hundirá en un bache económico más profundo. No caiga en la trampa de perder dinero con cada venta e intentar maquillarlo aumentando el volumen. Esto no es nunca una opción viable. Tampoco mantenga productos que no están generando un margen bruto adecuado.

*Debe aplicarse un incremento mínimo del 45 % a cualquier producto o servicio* ofrecido para fabricarlo o llevarlo a cabo. Olvídese de aquellos productos o servicios que todo el mundo quiere pero que nadie está dispuesto a comprar por su precio, o de los que a usted le encantan pero que los clientes no van a comprar. Esta clase de productos o servicios acaban con los beneficios potenciales de la empresa.

## Margen bruto

De acuerdo, hemos cubierto las dos primeras líneas del estado de resultados. Ahora tiene una idea general de cómo se generan y calculan los ingresos netos. Sabe lo que es el COGS y cómo esta cifra debería ayudar a determinar los precios por unidad. Está claro que los precios de venta deben ser al menos un 45 % superiores al coste de los artículos vendidos si el objetivo es conseguir un resultado neto positivo o beneficios, la señal de que una empresa es rentable. Tras deducir el COGS de los ingresos netos lo que nos queda es el margen bruto, no el beneficio neto. ¿Por qué? Porque los gastos operativos de la empresa todavía no se han descontado del margen bruto. Al «margen bruto» se le llama también «margen de cobertura» o simplemente «margen» para abreviar. Recuerde simplemente que las expresiones «margen bruto», «beneficios brutos», «margen de cobertura» y «margen» aluden a lo mismo: la diferencia que queda cuando el COGS (coste por unidad) se deduce de los ingresos netos. Es este 45 % de incremento sobre los costes por unidad del que antes hemos hablado. Aunque puede variar ligeramente dependiendo del sector, la tasa crítica de rentabilidad del margen bruto es un índice igual o mayor al 30 % de los ingresos netos. Si el margen bruto es menos del 30 % de los ingresos netos, la empresa puede tener problemas.

El estado de resultados es el único extracto que cuantifica el margen bruto, y es vitalmente importante que usted conozca esta cifra. ¿Por qué? *Las empresas no funcionan en base a los ingresos netos, sino al margen bruto.* El margen bruto es lo que se utiliza para pagar todos los gastos operativos o indirectos a fin de mantener la actividad de la empresa. En general, pero no únicamente, estos gastos son los alquileres, seguros, salarios (¡también el suyo!), otros gastos de carácter general y administrativo, los honorarios de profesionales (contables y abogados) y, finalmente, los impuestos municipales, estatales y federales.

Digamos, por ejemplo, que los costes de fabricación de cada camiseta de la concha de mar son de 5 dólares. Si se venden por 15 dólares, ¿cuánto sería el margen bruto de cada camiseta?

(Precio unitario) 15 dólares – (COGS por unidad) 5 dólares
= Margen bruto por unidad 10 dólares.

Esto significa que por cada camiseta vendida la empresa genera 10 dólares para el pago de los costes operativos. Si se venden 1.000 camisetas con esta misma estructura de precios y coste de fabricación, la empresa generará 10.000 dólares de margen bruto:

1.000 unidades × 10 dólares de margen bruto por unidad
= 10.000 dólares de margen bruto

Ahora tenemos un poco de calderilla para gestionar la empresa. De hecho, tenemos algo más que mera calderilla. Reconozco que estas serían cifras asombrosamente positivas. (Las camisetas de Bedazzled tenían derechos de autor protegidos y se vendían fácilmente con recargo). Da la casualidad de que tener un margen bruto tan positivo le sitúa muy por delante de algunas empresas, incluso de algunas grandes compañías.

Consideremos, por ejemplo, el infame Chevy Volt. Cuando se introdujo en el mercado, a General Motors le costaba 79.000 dólares fabricar el Volt. En esta cifra monstruosa no estaban incluidos los costes de ingeniería para diseñar y desarrollar el coche, solo los costes directos de su fabricación. Chevy fijó el PVP de los Volt en 49.000 dólares para poder competir con otros vehículos eléctricos de su clase. Si ha seguido todo lo que hemos dicho hasta ahora, esto significa que, en su lanzamiento, el Volt generaba un margen bruto *negativo* de 39.000 dólares.

GM hizo lo que usted debería evitar a toda costa: vender un producto a casi la mitad de su coste de fabricación. Con este porcentaje de pérdida, el gobierno debería haber subvencionado a GM *para que no fabricara ese vehículo*. Habría sido más barato detener la producción y pagar a los empleados su salario, ahorrando el coste de los materiales. No cabe duda de que el objetivo no era la rentabilidad, pero seguro que capta la idea.

Aparte del enorme margen bruto negativo, Chevy tenía otro gran problema. El PVP del Volt (49.000 dólares) no estaba siquiera en el mismo sistema solar que su competidor fabricado por

Toyota, que se vendía por 29.000 dólares. De manera que GM no solo estaba fabricando un vehículo que no podía permitirse vender, sino que los clientes nunca optarían por el Volt porque estaba muy lejos de los precios de los competidores. Era un producto insostenible. ¿Qué nos enseña esta historia? Primeramente, que el precio unitario de un producto debe cubrir el COGS de los artículos vendidos más un 45 %, y también que su PVP ha de ser competitivo con opciones atractivas en el mercado del momento.

Incluso las grandes empresas pueden equivocarse terriblemente. Ahora tiene usted una imagen del margen bruto negativo en la industria de la automoción.

Repita conmigo: *el margen bruto de cualquier producto o servicio debe ser de al menos un 30 % de los ingresos netos o un 45 % superior al coste de los artículos vendidos.*

Puede calcular el margen bruto de dos formas: utilizando la referencia de los ingresos netos por unidad o la del coste de los artículos vendidos por unidad. Personalmente prefiero utilizar el método del COGS, puesto que el punto de partida son los verdaderos costes y luego se les añade un margen. Si piensa que esto le fuerza a cobrar más de lo que permite el mercado, seguro que tendrá una clara percepción del proceso de fabricación y podrá pensar en la forma de modificarlo (bajando los costes) sin sacrificar la calidad (ni dañar la marca) o de añadir valor al producto o servicio que justifique ante sus potenciales clientes una subida del PVP.

### Utilizar los ingresos netos para determinar el coste máximo de los artículos vendidos y el margen bruto mínimo

Supongamos que las camisetas de la mariposa se venden a 12 dólares la unidad. Esto significa 12 dólares de ingresos netos por camiseta. El objetivo es que el margen bruto sea un 30 % de 12 dólares, es decir 3,60 dólares por camiseta. Esto significa que el coste de los artículos vendidos no puede ser más de 8,40 por camiseta.

Dicho de otro modo, si el objetivo es el 30 % del margen bruto, el COGS no puede ser superior al 70 % del precio de venta (ingresos netos).

### *Utilizar el COGS para determinar el precio de venta y el margen bruto mínimo*

En la primera temporada de Bedazzled, el COGS de las camisetas estaba en 15 dólares por camiseta, fuera por completo de toda proporción. Utilizando nuestra regla general del 45 %, habríamos tenido que vender las camisetas a 21,75 dólares para proteger un margen bruto del 30 %. Vendimos una cierta cantidad a algunas *boutiques* de vanguardia, pero las ventas fueron bajas. En nuestra segunda temporada, decidimos simplificar el diseño para bajar el COGS. Lo hicimos serigrafiando bonitos diseños pero mucho más sencillos. Recortamos la mitad de los costes en serigrafía y redujimos los perjuicios en un 70 % cambiando de proveedores, y con ello rebajamos el COGS a menos de 7,50 dólares por camiseta.

Si la única información que tenemos es el COGS de 7,50 dólares por unidad, añadamos el 45 % para obtener el precio de venta mínimo por unidad para proteger el margen bruto en un mínimo del 30 %. En la segunda temporada de Bedazzled, puesto que nos las arreglamos para reducir tan drásticamente el COGS, podíamos vender nuestras camisetas a 10,87 dólares, precio que redondeamos a 11 dólares: casi a mitad de precio que en nuestra primera temporada. Y por ello vendimos miles de camisetas más.

Decida la política que decida, no venda la camiseta por menos del COGS más un 45 %. Esta es la única forma de que la empresa genere un margen bruto suficiente para pagar los costes operativos —gastos fijos, indirectos y variables e impuestos— y generar beneficios positivos.

Recitemos de nuevo el mantra. Repita conmigo: *el margen bruto de cualquier producto o servicio debe ser de al menos un*

*30 % de los ingresos netos o un cuarenta y cinco % superior al coste de los artículos vendidos.*

## Gastos fijos

En la línea siguiente del estado de resultados encontramos los «Gastos fijos». Los **gastos fijos** no cambian con las fluctuaciones del volumen de ventas. Tengamos unas ventas fuertes, débiles o inexistentes, estos gastos deben cubrirse. Como indica su propio nombre, independientemente de cuántas camisetas se vendan, estos gastos serán los mismos. Los alquileres son un ejemplo de gastos fijos. Imaginemos que la empresa tiene un determinado espacio en alquiler y hay un mes en que no genera mucho en ventas. ¿Qué cree que sucedería si llamara al propietario y le dijera: «Hola, Fred. Hemos tenido un febrero muy duro. ¿Qué le parece si este mes no le pagamos el alquiler?».

Como diría el Dr. Peter Wood, presidente de la National Association of Scholars, esto le sentaría «como un puñetazo en el hígado». Al propietario de las instalaciones en cuestión no le importa cómo haya sido febrero. Lo único que quiere es que le pague. Si la empresa no ha vendido ninguna camiseta aquel mes, este es su problema. La factura del alquiler debe hacerse efectiva. Es un gasto fijo.

Otra forma agradable de entender los gastos fijos es imaginarlos como un pesado lazo corredizo alrededor del cuello que se va apretando si los ingresos netos comienzan a flaquear. Por ello, *el objetivo es que los gastos fijos sean lo más bajos posible durante el mayor tiempo posible.* Cuanto más bajos sean los gastos fijos, menos camisetas tendrá que vender para cubrirlos. Uno de los pequeños inversores empresariales más inteligente y exitoso que he conocido me dio este solemne consejo: «Sea siempre muy cauta con los gastos fijos». Lo que quería decirme esencialmente era: no contraiga un volumen de gastos fijos que obliguen a la empresa a esforzarse desmedidamente generando ventas para poder pagarlos. *Haga que las ventas se desarrollen más rápido que los gastos fijos.* El momento de adquirir más gastos fijos es cuando tenga los pedidos sobre la mesa y la empresa esté esforzándose para servirlos. Los mejores empresarios adquieren gastos fijos cuando el mercado ya ha votado favorablemente por sus productos comprándolos. Permita que sean los ingresos netos y el margen bruto los que impulsen el correcto nivel de gastos, no al revés. Este es el santo grial de la gestión de pequeñas empresas.

## Gastos variables

Los **gastos variables**, la siguiente categoría de gastos en el estado de resultados, se llaman así porque estos gastos tienden a variar con el volumen de ventas. Pero se trata de hecho de gastos variables *indirectos*. (Recordemos que el COGS se considera un gasto variable *directo*, y como tal tiene —normalmente— su propia línea en el estado de resultados). A medida que se van vendiendo más camisetas, los gastos variables indirectos (comisiones por venta, gastos de *marketing*, etc.) tienden a ascender. Si se venden menos camisetas, los gastos variables también deberían reducirse.

Algunos gastos variables son mucho más fáciles de controlar que los gastos fijos. Si la empresa tiene un mes flojo en ventas, es normalmente más fácil y rápido reducir gastos variables como la publicidad (una partida de *marketing*) que gastos fijos como el alquiler o los salarios. Los arrendamientos son generalmente compromisos a medio o largo plazo y son difíciles de rescindir cuando los ingresos netos bajan, mientras que contratar a un experto en redes sociales, por ejemplo, es por regla general un compromiso a corto plazo y algo que se puede cancelar con bastante facilidad. Las campañas directas por correo o por *email* son también ejemplos de gastos variables que pueden reducirse si los ingresos son flojos.

Dos gastos variables que merecen mención son la depreciación y los pagos de intereses. Puede que en el tipo de negocio que usted gestiona no tenga estas partidas, pero es bueno que sepa lo que son y cómo funcionan.

### Depreciación

Cuando usted compra un activo caro, o que tiene una vida útil de varios años, como un elemento de equipamiento o incluso un edificio, nuestros amigos del Servicio de Impuestos Internos tienen ciertas reglas sobre cómo hay que reflejar estas grandes compras como gastos. Generalmente, se deduce una parte del total de gastos cada año según un calendario de la vida útil de este activo hasta que se contabiliza el coste completo. A este gasto parcial se le llama **depreciación** y muchas veces lo encontrará como una línea de presupuesto en el estado de resultados. No es un gasto de efectivo, sino un verdadero coste de hacer negocios. En algún punto, la empresa tendrá que renovar el edificio y reponer este equipamiento o computadora.

¿Por qué hemos de ir amortizando estos gastos en lugar de mostrar su coste total en el estado de resultados del año en que se compró? Puesto que un activo como una computadora no se agota en un año, no hay que anotar todo su coste en el estado de resultados del año en que se compró. Generalmente tiene una vida útil de tres años. Hay ciertas convenciones para depreciar diferentes clases de activos. La depreciación puede ser la misma o variar de año en año y puede mostrarse como una deducción fija o variable, dependiendo del método de depreciación decidido por el contable. Sirve de ayuda para reducir los gastos por impuestos para la empresa en los años en que se reconoce la depreciación porque se reducen los beneficios antes de impuestos y, por tanto, la cantidad de impuestos que paga una empresa. Se muestra como un gasto fijo año tras año hasta la plena amortización del activo en cuestión. Pagar menos impuestos también ayuda a conservar la liquidez, algo muy útil cuando esta es escasa. En el capítulo 5 consideraremos estas cosas cuando le introduzca al estado de la tesorería. El contable conocerá todas estas cosas y más. No se angustie. Quiero simplemente que sepa que la depreciación existe y que se presenta como un gasto fijo o variable antes de calcular ganancias e impuestos. La próxima vez que la vea reflejada en un estado de resultados, no le resultará extraña.

### *Gastos por intereses*

El otro gasto variable que merece una mención es el **gasto por intereses**. Si la empresa ha firmado un préstamo o una línea de crédito para compras, el coste de esta deuda a corto plazo (pagada en un año) son los gastos por los intereses pagados. Estos gastos por intereses se reflejan en el estado de resultados en una línea llamada —qué extraño, ¿no?— «gastos por intereses».

Los gastos por intereses pagados por una deuda a largo plazo como una hipoteca también aparecen en el estado de resultados cada mes *mientras se paga*. (No se confunda por el hecho de que usted considere estos pagos como gastos fijos; su contable sabe en qué categoría debe anotarlos, y esto es lo importante para Hacienda y para sus inversores más sensatos). En resumen, los gastos por el pago de intereses de deudas, tanto a corto como a largo plazo, aparecerán en el estado de resultados y reducirán los beneficios de explotación. (En el capítulo 8 hablaremos más de cómo y cuándo contraer deudas).

## Ganancias antes de impuestos

Si deducimos los gastos fijos y variables del total del margen bruto tenemos los **beneficios antes de impuestos (EBT)**. El gobierno distingue entre antes y después de impuestos, y por ello también debe hacerlo usted. Las ganancias antes de impuestos *no* son beneficios. Son meros ingresos de operaciones antes de reducir los impuestos que hay que pagar al tío Sam, al estado y al municipio en el que la empresa lleva a cabo su actividad. Hay mucho más que decir sobre esta cuestión pero, por ahora, retenga que los impuestos se pagan de las «ganancias antes de impuestos».

Nada afecta tanto al volumen de beneficios que tiene una pequeña empresa como la línea de los impuestos del estado de resultados. Por regla general, el pago de impuestos representa entre un 40 y un 50 % de los ingresos. Por ello, las subidas de impuestos, aunque sea en unos pocos puntos porcentuales, se llevan una buena parte de sus beneficios (posiblemente ya lo sabía). Los impuestos son la última anotación de gastos en el estado de resultados y suelen ser uno de los costes más elevados de una empresa.

Los pequeños empresarios tratan a menudo de minimizar las ganancias antes de impuestos para minimizar el volumen de impuestos. Esto tiene sentido a corto plazo, pero en el supuesto de que una empresa tenga que ser vendida, el precio de venta será muy inferior que si el estado de resultados hubiera reflejado un beneficio de explotación más elevado a lo largo de los años. Hablemos de esto con el contable si nuestro objetivo a largo plazo es vender la empresa. Existen varias formas legítimas de calcular los gastos de depreciación, por ejemplo, que afectarán al beneficio de explotación, tanto a corto como a largo plazo. Todo depende de cuál sea nuestra estrategia final. A mí me gusta obtener un rendimiento de la inversión. Si invierto años de esfuerzo en una empresa, debería obtener una compensación al final por todo este tiempo de sudor y sacrificios.

## Impuestos

Le he prometido que este libro no iba a tratar de leyes y reglamentaciones tributarias y que no íbamos a meternos en este cenagal, sin embargo hay ciertas cuestiones básicas que debe entender. Seguro que tiene contables y abogados que le ayudarán a avanzar con los detalles. Sepa simplemente que, en Estados Unidos, las empresas tienen que pagar impuestos federales, puede que tengan que pagar impuestos estatales y, en algunos casos, es posible que también estén obligadas a tributar en el municipio o ciudad en el que desarrollan su actividad. Como puede ver ahora, los índices tributarios tienen una profunda influencia en el tamaño del resultado neto. Es la última línea de gastos antes de los beneficios netos. Más que casi cualquier otra partida del estado de resultados, los tipos impositivos determinan el resultado neto. Cuando nos enteramos de que empresas como Apple se han trasladado a Austin, Texas, o que otras compañías se establecen en Florida a un ritmo de 200 cada mes (las últimas cifras que he oído), sabemos que lo hacen porque en este estado los tipos impositivos son mucho más favorables para los negocios.

### Resultado neto

De acuerdo, recapitulemos. Una vez hemos copiado los ingresos netos y deducido el coste de los artículos vendidos (gastos variables directos) tenemos el total del margen bruto. A continuación deducimos los gastos fijos, los gastos variables indirectos y los impuestos. Esto nos deja con un número final: el **resultado neto**,

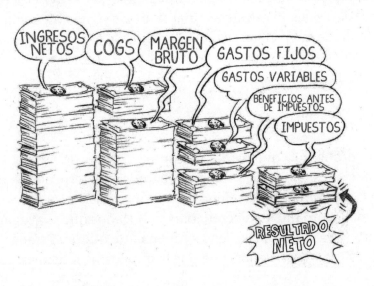

conocido también como «beneficios netos» o «renta neta». Estos tres términos aluden exactamente a lo mismo.

*Los negocios no existen para cubrir gastos o para tener pérdidas por largos periodos de tiempo.* Si una empresa sirve a sus clientes de forma inmejorable, ofrece soluciones creativas y asume riesgos, debería ser compensada por ello. Tener resultados netos positivos es la clave para seguir en los negocios. El imperativo de los beneficios debe ser una prioridad para que una empresa sea y siga siendo viable.

Veamos, pues, si Bedazzled, Inc. está o no generando beneficios netos.

Este mes la empresa vendió 1.000 camisetas. Todas ellas se vendieron a 15 dólares. La fabricación de cada camiseta costó 5 dólares. Los gastos fijos de este mes fueron de 2.000 dólares y los variables, de 3.000. Los impuestos representan el 50 % de los ingresos. Esto se muestra en la Figura 2–1. ¿Cuántos beneficios generó el negocio este mes? Que suenen los tambores, por favor:

**BEDAZZLED**

**Estado mensual de resultados**

| | | |
|---|---|---|
| **Ingresos netos** | **15.000 dólares** | **100 %** |
| Menos: Coste de los artículos vendidos | (5.000 dólares) | 33 % |
| **Igual: Margen Bruto** | **10.000 dólares** | **66 %** |
| Menos: Gastos fijos | (2.000 dólares) | 13 % |
| Menos: Costes variables | (3.000 dólares) | 20 % |
| **Igual: Beneficios antes de impuestos** | **5.000 dólares** | **33 %** |
| Menos: Impuestos 50 % | (2.500 dólares) | 17 % |
| **Resultado neto** | **2.500 dólares** | **17 %** |

FIGURA 2–1

¡Qué alegría! La empresa es rentable. Ha generado un resultado neto positivo de 2.500 dólares en los libros al final de este mes. Si el resultado neto es positivo, la empresa está ganando dinero.

¿Pero hasta qué punto es rentable? Este 17 % a la derecha del resultado neto significa que 17 centavos de cada dólar de los ingresos netos son beneficio neto. Eso no parece mucho dinero, ¿no? Bueno, la verdad es que no está mal. Si usted gestionara el supermercado de la esquina, por ejemplo, el resultado neto sería probablemente de unos dos centavos. Exactamente. Por cada dólar que entra en el supermercado del barrio, este gana generalmente dos centavos, o incluso menos a veces. La próxima vez que vaya a hacer su compra al supermercado, alégrese de que alguien tenga la motivación de construir un edificio, llenarlo de toda clase de productos, dotarlo de personal y mantenerlo para que podamos comprar nuestra provisión diaria de café, huevos y leche.

¿Qué sucede si el resultado neto es negativo? Lo ha adivinado. Esto significaría que está perdiendo dinero. ¿Quiere esto decir que pronto tendrá que bajar la persiana? No necesariamente. Puede capear algunos periodos difíciles y mantener aun así el negocio a flote. De hecho, todas las empresas muestran altibajos en los beneficios de mes en mes, porque las industrias tienen ritmos distintos. Si usted gestiona un establecimiento de venta al por menor, el negocio generará grandes ventas en noviembre y diciembre por las festividades. Si su negocio es un centro de vacaciones en la playa, la mayor parte de sus ingresos se generarán en el verano, cuando los turistas procedentes de climas fríos buscan un receso de las bajas temperaturas y la nieve. Si lo que administra es un restaurante, es mejor abrir los sábados, porque este es el día en que la mayoría de los clientes suelen salir a comer fuera de casa, de modo que los sábados son días de elevados ingresos. En los meses de ventas elevadas, los resultados netos serán posiblemente positivos. Cuando los ingresos netos son bajos, puede que los números mensuales sean negativos debido al lastre de los gastos fijos que, como el alquiler, están siempre presentes, se venda mucho o poco.

La meta es mostrar una rentabilidad consistente *de trimestre en trimestre*. El negocio puede soportar un mes flojo, pero el objetivo es ajustar el rumbo y conseguir beneficios a finales del trimestre. Si no es así, el negocio va a tener problemas. A largo plazo, las empresas no pueden seguir perdiendo dinero y seguir siendo viables. Si los resultados netos son negativos durante tres meses o más, significa que hay algo inconsistente en el negocio y que debe resolverse rápidamente.

Es importante revisar los ingresos netos y los costes operativos —gastos variables indirectos— cada mes para identificar dónde están los problemas. Si el margen bruto no es como mínimo del 30 % de los ingresos netos, tiene que revisar qué productos están comprando los clientes, qué precio cobra la empresa y cuál es el coste de los artículos. Si el margen bruto es correcto pero los ingresos antes de impuestos tienden a ser más bajos, mire entonces cuánto se emplea en gastos fijos y variables y encuentre formas creativas de hacerlos bajar. Entérese de cómo gestionan otras empresas de su industria estos costes. Conocer los patrones de ingresos y gastos de su empresa también le ayudará a prepararse para los meses de bajos ingresos en lugar de que estos le sorprendan. (El capítulo 5 sobre el estado de la tesorería también le ayudará a hacerlo).

## VALORES DE REFERENCIA PARA LA GESTIÓN

Ahora que tenemos claro lo que es el estado de resultados y lo que este cuantifica, quiero presentar algunos valores de referencia que nos ayudarán a dirigir la empresa hacia la rentabilidad mes tras mes.

En primer lugar, pídale al contable o tenedor que imprima un estado de resultados de la empresa cada mes, normalmente después de cuadrar ventas y gastos. Revise cada línea como hemos hecho en este capítulo. Desglósela hasta que la entienda bien. No tenga miedo de pedirle a su contable que le explique los números que no acabe de comprender. (Los contables tampoco son perfectos y aquí no hemos cubierto todos los posibles tipos de gastos).

Una vez haya entendido los números, fíjese ahora en cuál es la tendencia de la empresa. Vuelva a la Figura 2–1. Observe con atención la columna derecha que muestra los porcentajes. Todo está calculado aparte de los ingresos netos, que se muestran como un «100 %», porque este es el punto de partida.

Los ingresos netos serán siempre el punto de referencia para los índices clave. De nuevo, es importante gestionar el margen bruto para que este sea del 30 % *o más* del total de los ingresos netos y que el COGS sea del 70 % *o menos* de dichos ingresos netos. Por regla general, tanto los gastos fijos como los variables deberían estar en torno al 20 % de los ingresos netos; estos porcentajes pueden variar un poco dependiendo de cuál sea la industria en que se trabaja y de la antigüedad operativa de la empresa.

Es fabuloso cuando la empresa se sitúa cerca de algunos de estos valores de referencia. Sea consciente de que cuando suben los ingresos netos, los gastos subirán también para que la empresa pueda servir a un mayor número de clientes. Para mantenerse por delante, la clave es conseguir que los ingresos crezcan *más rápido* que los gastos. Muchos negocios nuevos, aun aquellos que están bien fundados, permiten que los gastos crezcan demasiado y se queman antes de que los ingresos puedan cubrir dichos gastos.

Mantenga el volumen de gastos fijos lo más bajo posible hasta que la empresa tenga una clientela estable que compre con regularidad. Siga gestionando su negocio desde su sótano, vehículo o salón —¡o hágalo de memoria!— durante el mayor tiempo posible antes de firmar un arrendamiento para alquilar un determinado espacio. (¡Por algo Apple comenzó en un garaje de Cupertino, California!).

Añada solo a su oferta productos o servicios que generen al menos un 30 % de margen bruto basándose en el coste de fabricar el producto o prestar el servicio (COGS). Todos los productos que ofrece deben *mejorar* el margen bruto, no degradarlo. No puede maquillarlo con un mayor volumen. Por favor, no lo intente.

En el capítulo 3 consideraremos estados de resultados de distintos tipos de negocios. Se le encenderá la bombilla y entenderá lo que tiene que cambiar en cualquier empresa para que esta se revitalice. Confíe en mí. Lo he visto suceder en el mundo real miles de veces. Ahora le toca a usted.

## INSTRUMENTOS CLAVE

▶ El estado de resultados pone de relieve si una empresa tiene beneficios o pérdidas. Si el beneficio o resultado neto es positivo, la empresa está ganando dinero; si es negativo, lo está perdiendo.

▶ La línea superior del estado de resultados son los ingresos netos. Aquí es donde se ven las ventas mensuales.

▶ La segunda línea del estado de resultados es el coste de los artículos vendidos (COGS). Se trata de los costes directos para crear un producto acabado y comercializable. Representa el coste directo de la mano de obra y los materiales.

▶ Si se conoce el COGS pero no el precio de venta, recuerde que la empresa ha de poder vender el artículo por el COGS más un 45 % para que este sea rentable. Si el producto en cuestión no puede venderse por este precio, considere la posibilidad de retirarlo del catálogo o reducir su coste.

▶ Solo deberían venderse productos por debajo del COGS para vaciar un inventario que está perdiendo su valor y únicamente durante un periodo muy breve.

▶ La tercera línea del estado de resultados es el margen bruto, o beneficios brutos. Debería ser al menos de un 30 % de los ingresos netos para generar lo suficiente para cubrir los gastos fijos y variables.

▶ Un margen bruto adecuado es clave para gestionar una empresa rentable y debe calcularse cada mes. El estado de resultados es el único documento que permite mantener este registro.

▶ Los gastos fijos no cambian con el volumen de ventas. Manténgalos al mínimo y no más del 20 % de los ingresos netos cada mes.

▶ Los gastos variables suelen subir cuando la empresa vende a más clientes. Mantenga estos gastos por debajo del 20 % de los ingresos netos para que no se descontrolen.

▶ Las ganancias antes de impuestos son el subtotal después de deducir todos los costes menos los impuestos de los ingresos netos. Si las ganancias antes de impuestos representan al menos el 10 % de los ingresos netos, entonces los beneficios netos estarán posiblemente en un margen saludable.

▶ Los impuestos se pagan de las ganancias antes de impuestos. Una buena regla general es conseguir que los beneficios netos representen al menos el 5 % de los ingresos netos. Esto significa que por cada dólar de ventas la empresa debe producir al menos cinco centavos de beneficios o resultado neto positivo.

▶ La clave para el éxito a largo plazo es que los números del resultado neto sean positivos de forma consistente, cada trimestre.

# CAPÍTULO 3

# Utilice su estado de resultados para mejorar los beneficios

## Conduzca con los ojos abiertos

Ahora que entiende los datos que nos proporciona el estado mensual de resultados —si la empresa tiene beneficios o pérdidas— tiene un marco para tomar decisiones. El desafío consiste en utilizar esta información para gestionar su empresa, de manera que se maximicen los beneficios mientras los costes se mantienen bajo un firme control.

Conseguir una mayor rentabilidad no significa aprovecharse de unos clientes despistados, sino trabajar para prestarles un mejor servicio, siendo sabios en la inversión de nuestro tiempo, energía y recursos escasos (como el efectivo) para obtener la mejor rentabilidad de su inversión. Si una empresa no presta un servicio digno de lo que cobra, los clientes no comprarán sus productos o servicios; sin embargo, si estos son estupendos pero la empresa no es rentable, es solo cuestión de tiempo que el mundo deje de tener acceso a ellos. Los beneficios son la prueba de que a los clientes les gustan suficientemente los productos o servicios de una empresa como para gastar un buen dinero para comprarlos, *y* de que la dirección está haciendo un excelente trabajo para mantener los gastos en línea con los ingresos. Los beneficios son una de las señales de vida de una empresa sostenible y bien gestionada.

## RENTABILIZAR LAS EMPRESAS DE PRODUCTOS

Volvamos a nuestro simulador de gestión empresarial y practiquemos utilizando nuestro estado de resultados para dirigir una empresa hacia la rentabilidad. Comencemos con un negocio que vende un producto tangible: *cupcakes*. ¿Está Cupcakes R Us ganando dinero? Dé un vistazo al estado de resultados que se muestra en la Figura 3–1 y decídalo usted mismo. (Recuerde: los números entre paréntesis son negativos).

¿Cuál es su veredicto? Si dijera que la empresa está perdiendo dinero —4.500 dólares al mes, para ser exactos— estaría en lo cierto. No cabe duda de que algo tiene que cambiar para que Cupcakes R Us siga adelante con el negocio. Hagamos un diagnóstico basándonos en este estado de resultados para ver por qué están perdiendo dinero. Centrémonos, en primer lugar, en comprobar si el margen bruto cumple con nuestra tasa crítica de rentabilidad del 30 % con respecto a los ingresos netos. Si no es así, hemos de encontrar formas de incrementarlo para que este negocio pueda seguir adelante.

### Cómo incrementar el margen bruto

El problema de Cupcakes R Us es que el margen bruto es demasiado bajo para poder cubrir todos los gastos operativos de la empresa. La única forma de convertir este resultado neto negativo en positivo es encontrar formas de incrementar el margen bruto. Ahí van algunas maneras de hacerlo.

**Cupcakes R Us**
**Mes de enero**

| | | |
|---|---|---|
| Ingresos netos | 4.500 dólares | 100 % |
| Coste de los artículos vendidos | (3.500 dólares) | 78 % |
| Margen bruto total | 1.000 dólares | 22 % |
| Gastos fijos: | | |
| Alquiler | (1.500 dólares) | 33 % |
| Gastos variables: | | |
| Marketing | (1.000 dólares) | |
| Recursos | (150 dólares) | |
| Teléfono | (100 dólares) | |
| Seguro | (150 dólares) | |
| Suministros | (1.000 dólares) | |
| Personal de media jornada | (1.000 dólares) | |
| Asistencia web | (500 dólares) | |
| Contabilidad | (100 dólares) | |
| Total gastos variables: | (4.000 dólares) | 88 % |
| Total de gastos | (5.500 dólares) | |
| Beneficios antes de impuestos | (4.500 dólares) | |
| Impuestos | 000 dólares | |
| Resultado neto | (4.500 dólares) | |

FIGURA 3–1

### Reducir el coste de los artículos vendidos

El primer valor de referencia que hemos de verificar es el margen bruto. Si recuerda nuestro mantra del capítulo anterior, el margen bruto ha de ser *al menos* del 30 % de los ingresos netos para que un negocio sea rentable. Aquí está registrado en un 22 %. Y para que el margen bruto se sitúe en un 30 % o por encima, el COGS ha de ser del 70 % o *inferior*. Como puede ver, el coste de los artículos vendidos es del 78 % de los ingresos de Cupcakes R Us. Esto significa que por cada dólar que Cupcakes R Us ingresa en ventas, 78 centavos son para pagar las materias primas y la mano de obra para la elaboración de los *cupcakes*. Este es su coste por unidad. Este número tiene que bajar hasta los 70 centavos para situar el margen bruto en zona segura. Hay varias estrategias para conseguir esto, y lo primero que hemos de investigar es si Cupcakes R Us puede reducir sus costes directos.

Como he dicho en el capítulo 2, muy pocos pequeños empresarios conocen el coste directo total de la mano de obra y materiales que invierten en sus productos, y esta ignorancia *no* tiene nada de positivo, es como conducir con los ojos vendados. Para gestionar Cupcakes R Us, hemos de saber exactamente lo que cuesta en tiempo y mano de obra medir, mezclar y hornear un lote de deliciosos *cupcakes*. También hemos de conocer el coste de ingredientes directos como el suave chocolate belga, la mantequilla, la harina y el azúcar necesarios para crear estas maravillosas tentaciones. Por último, hemos de conocer el desglose de los costes de cada producto por unidad. Una vez sepamos los costes directos por unidad, hemos de comprobar que nuestros precios de venta al público tengan un incremento añadido del 45 % sobre este coste. Esto permitirá que cada producto vendido nos ayude a conseguir un 30 % de margen bruto. Recordemos que cada producto de nuestro catálogo ha de tener un 30 % de margen bruto o degradará el total.

Veamos un desglose de los costes directos de Cupcakes R Us. La pastelería vende dos clases de *cupcakes*: uno de chocolate y otro de frambuesa. Da la casualidad de que el precio de elaboración de los *cupcakes* de frambuesa es más elevado que el de los de chocolate, y que su coste sube en aquellos meses (como enero) en que no es temporada de frambuesas. En enero, el desglose del COGS por unidad es el siguiente:

- Chocolate: 1,40 dólares por unidad

- Frambuesa: 2,10 dólares por unidad

Comparemos ahora el COGS con nuestros precios de venta al público. En enero el precio de los *cupcakes* de chocolate era de 2,00 dólares, y los de frambuesa se vendieron a 2,50. Hemos de determinar el margen bruto por unidad (precio unitario menos coste por unidad) y dividir este margen bruto por el precio unitario para ver cuál es su porcentaje de ingresos netos. En el caso de Cupcakes R Us, tenemos los siguientes números:

Los de chocolate:

2,00 dólares (precio de venta por unidad) – 1,40 dólares (COGS)

= 0,60 dólares (margen bruto)

0,60 dólares dividido entre 2,00 dólares

nos da un 30 % (¡Uf!)

Los de frambuesa:

2,50 dólares (precio de venta por unidad) – 2,10 dólares (COGS)

= 0,40 dólares (margen bruto)

0,40 dólares dividido entre 2,50 dólares

nos da un 16 % (¡Oh-oh!)

Como puede ver, el margen bruto de los *cupcakes* de chocolate es perfecto, pero el de los de frambuesa está en la mitad de lo que debería ser. ¡Ajá! Ahora sabemos exactamente lo que está lastrando el margen bruto total hasta el 22 % del total de los ingresos netos.

El evidente paso que hemos de dar a continuación es fijar el COGS de los *cupcakes* de frambuesa. En primer lugar, es bueno que sepamos cuál es el máximo COGS que puede permitirse la empresa. Sabemos que no puede ser *superior* al 70 % del precio de venta al público para conseguir un 30 % del margen bruto. Si mantenemos el mismo precio de venta al público de 2,50 dólares por cada *cupcake* de frambuesa, hemos de reducir el COGS de 2,10 a 1,75 dólares por unidad (2,50 veces 0,70 es 1,75). En otras palabras, hemos de ver si podemos elaborar y repartir cada *cupcake* de frambuesa por unos 35 céntimos menos de lo que estamos pagando ahora. ¿Qué podemos hacer?

Una solución es ofrecer los *cupcakes* de frambuesa solo en determinadas épocas del año, cuando los ingredientes son más baratos. Además de reducir el COGS, esto crea un sentido de urgencia en los clientes, que solo pueden comprarlos mientras hay disponibilidad. Otros pasos que podemos dar son:

- Negociar descuentos por volumen con los proveedores.

- Una revisión técnica de la elaboración del producto utilizando distintos ingredientes, proceso de elaboración o materiales.

- Encontrar colaboración de bajo coste. Por ejemplo, si usted está elaborando los *cupcakes* en su cocina pero tiene que aumentar la producción, alquile hornos o cocinas en instalaciones comerciales en lugar de arrendar una pastelería.

- Encontrar nuevas fuentes para las materias primas.

### Subir precios

Si con estas estrategias no podemos conseguir la reducción del COGS hasta el 70 %, hemos entonces de considerar si es factible subir los precios de venta al público. Digamos que no podemos reducir *nada* del COGS de los *cupcakes* de frambuesa. ¿Cuánto tendríamos que subir el precio para conseguir un margen bruto del 30 %? Como he dicho anteriormente, una regla general es fijar el precio de venta al público incrementando el COGS en un 45 %.

Comenzamos calculando el margen comercial (en el capítulo 2 le llamamos «recargo») y añadiéndole el coste por unidad.

2,10 veces 0,45 es 0,94

2,10 dólares + 0,95 (hemos redondeado)

= 3,05 dólares (nuevo precio de venta por unidad)

Este nuevo precio de venta pondrá nuestro margen bruto en un lugar mucho más saludable. El precio menos el coste equivale al margen bruto, por lo tanto:

3,05 dólares (nuevo precio unitario) – 2,10 dólares (COGS)

= 0,95 dólares (margen bruto)

0,95 dólares entre 3,05 dólares igual a 31 %

(¡y el estado de resultados ha recobrado de nuevo la salud!)

Otra posibilidad es un exacto margen bruto del 30 % estableciendo nuestro COGS actual como un 70 % (0,7) del precio de venta al público (X). Puede calcularse así:

2,10 dólares (COGS) ÷ 0,7 del precio de venta X, es decir, COGS = 0,7X

2,10 dólares *entre* 0,70 (70 %) igual a 3,00 dólares

(7 cabe tres veces en 21)

¡Y *voil*à! Nuestro nuevo precio de venta al público es de 3,00 dólares por unidad.

Como puede ver, si no podemos reducir el COGS, hemos, entonces, de elevar el precio de los *cupcakes* de frambuesa al menos en 0,50 dólares por unidad para que generen un 30 % de margen bruto. ¿Pero aceptarán nuestros clientes este incremento de cincuenta centavos por *cupcake*?

¿Qué sucede si podemos reducir en algo el COGS por unidad de los *cupcakes* de frambuesa pero no lo suficiente para que represente el 70 % del precio de venta? Digamos que, tras negociar con un nuevo proveedor de frambuesas, conseguimos recortar 15 centavos del coste directo de cada *cupcake*, reduciendo el COGS de 2,10 a 1,95 dólares. A pesar de esta reducción, tendremos que subir el precio de estos *cupcakes* para que este alcance el 30 % del margen bruto; sin embargo, la subida será inferior. Sirviéndonos del método del COGS, si añadimos un 45 % a 1,95 dólares (1,95 veces 1,45) alcanzamos un precio unitario de 2,83 dólares (redondeando). Utilizando el método de los ingresos netos —estableciendo el coste por unidad de 1,95 dólares como el 70 % del precio de venta— acabaríamos cobrando 2,79 dólares por unidad. Con el nuevo coste por unidad, podemos vender el *cupcake* de frambuesa entre 2,79 y 2,82 y conseguir un margen bruto adecuado (es decir, la continuidad de la empresa). Como puede ver, reducir costes y subir precios son estrategias que funcionan conjuntamente para alcanzar los valores de referencia en el COGS y el margen bruto.

### *Paquetes de productos*

Otra opción es agrupar productos que tienen un margen bruto bajo con otros que lo tienen más elevado en pedidos mínimos. Los clientes tienen así que comprar varios productos del catálogo.

En el caso de Cupcakes R Us, esto significa que si algunos clientes quieren *cupcakes* de frambuesa, lo planteamos de forma que compren también *cupcakes* de chocolate, siempre que nuestro COGS y precios se fijen para que el promedio del margen bruto del lote sea del 30 %. Agrupar productos puede impedir que los clientes «escojan a su antojo» o que compren solo los productos con un margen más bajo, lo cual es una forma rápida de reducir los beneficios o de obtener un resultado neto negativo.

### Venda grandes cantidades, no por unidades y pares

Las ventas voluminosas pueden ser muy útiles porque es a menudo posible negociar descuentos por grandes cantidades en la compra de los ingredientes, reduciendo con ello el COGS. En lugar de vender un solo *cupcake* por 3,00 dólares, una sola venta grande puede aportar cien veces más en ingresos, con costes inferiores por unidad. En este caso también bajarían los precios de venta, pero aun así sería más fácil mantener el margen bruto por encima del 30 %. Es importante asegurarnos que este es el caso antes de invertir en *marketing* para incrementar las ventas. En el caso de Cupcakes R Us, tendríamos que estudiar el mercado y descubrir formas de vender grandes cantidades de *cupcakes*.

¿Qué clientes potenciales, épocas del año o situaciones de la vida podemos identificar en que las personas pueden necesitar un mayor volumen? ¿Fiestas? ¿Bodas? ¿El nacimiento de un bebé? ¿Fiestas de cumpleaños? ¿La fiesta de fin de año o las celebraciones de Año Nuevo? Una sola venta importante puede generar cientos de dólares en ingresos de ventas.

### Abandone el cupcake de frambuesa que tiene un margen tan bajo

Nuestra última opción para proteger el beneficio neto es dejar de ofrecer aquellos productos cuyo margen bruto es demasiado bajo. A veces, abandonar productos con un margen bruto muy bajo es una forma estupenda de mandar a sus competidores los clientes poco rentables. Pregunte a los clientes su opinión. ¿Estarían dispuestos a pagar más por los *cupcakes* de frambuesa? ¿Verían con buenos ojos la oferta de *cupcakes* de frambuesa por el mismo precio pero con una reducción de tamaño? Permita que sus clientes le ayuden a tomar esta clase de decisiones.

## Ocho directrices para subir los precios preservando las ventas

Hay pocas variables del estado de resultados que afecten tanto a los beneficios como los precios, puesto que estos impulsan los ingresos. Los precios más elevados significan mayores ingresos, *siempre que con ello no perdamos ventas*. Pero para muchos propietarios de pequeñas empresas subir los precios equivale a subir el ritmo cardiaco. Piensan que, si lo hacen, sus clientes dejarán de comprar y saldrán corriendo. Pero esto no es necesariamente cierto. Es perfectamente posible mantener las ventas y subir los precios siempre que sigamos ciertas directrices. Las siguientes son ocho directrices para incrementar los precios de formas que los clientes tenderán a aceptar más que a rechazar.

### Directriz 1: Compruebe lo que están cobrando sus competidores

Siempre que lanzo un nuevo negocio, voy a comprar de incógnito a los establecimientos de mis competidores. Analizo lo que los competidores cobran por los productos que ofrecen. ¿Están utilizando ingredientes o materiales de mejor calidad para elaborar o fabricar sus productos? ¿Tienen la misma variedad que yo? ¿Cómo es su servicio de atención al cliente: fantástico o terrible? ¿Me ofrecen la posibilidad de ser atendido por una persona si tengo una pregunta? ¿Cómo es la experiencia general del cliente? ¿Qué dicen los clientes en sus valoraciones *online*? Después de recopilar estos datos, decido si sus precios son o no adecuados.

Recomiendo que compruebe los precios de al menos cinco competidores en su segmento de mercado para valorar si los de usted son o no correctos. Quiero decir de paso que, en mi experiencia, la mayoría de pequeñas empresas tienden a fijar precios bajos para sus productos.

Y hay algo que debe saber y recordar sobre fijar los precios por debajo de los valores reales. Puede parecernos ilógico, pero una de las señales de que los precios de un negocio son demasiado bajos es que su índice de ventas cerradas es demasiado alto. Por ejemplo, un amigo que tiene una empresa de publicidad me dijo que su índice de ventas cerradas era del 80 %: ocho de cada diez personas a quienes ofrecía sus servicios contrataban su firma. Quedó atónito cuando le dije que era un porcentaje terrible. ¿Por qué? Estaba cerrando todos aquellos contratos porque sus precios eran demasiado bajos. En su sector, el índice que indica la competitividad de los precios es del 25 % de las ventas. Su sistema de tarificación significaba que estaba trabajando con demasiados clientes y con márgenes demasiado bajos. No es de extrañar que apenas pudiera pagar los costes operativos para la gestión de su empresa.

### Directriz 2: *Cómo subir los precios y seguir siendo competitivos*

Digamos que hacemos unas compras de incógnito para Cupcakes R Us y descubrimos que la competencia está cobrando 3,75 dólares por unos *cupcakes* de frambuesa que no elabora como nosotros con fruta fresca sino con mermelada. En este caso habríamos estado planteándonos subir los precios hasta unos 3,00 dólares, esperando que se vendieran, y descubrimos que ya se está vendiendo un producto inferior por un precio mucho más elevado. Esto nos dice que podemos subir nuestros precios a 3,25 dólares por *cupcake* o más y seguir siendo suficientemente competitivos para mantener nuestras ventas. Si nuestros *cupcakes* de frambuesa se vendieran nos aportarían más de un

30 % de margen bruto, lo cual es nuestro objetivo mínimo. Aunque no es fácil llevar a cabo una subida de 75 centavos en el precio, si nuestros competidores son ya mucho más caros, los clientes podrían estar dispuestos a compensar a la empresa pagando más por un gran producto.

### Directriz 3: No suba todos los precios

Suba los precios de un selecto grupo de productos, especialmente de aquellos con un elevado volumen de ventas y un alto valor manifiesto, como los productos difíciles de conseguir o los exclusivos. Los clientes estarán más dispuestos a aceptar los nuevos precios. Mantenga otros precios estables, al menos a corto plazo. Dé a los clientes la oportunidad de digerir la subida de precio y ofrézcales una rebaja razonable si compran una determinada cantidad. Proponga un incentivo para seguir comprándole a usted en lugar de a sus competidores.

### Directriz 4: Suba los precios de forma paulatina, no de una vez

Netflix se hizo impopular por subir los precios de sopetón en un 60 %. Los clientes se indignaron y abandonaron masivamente Netflix. En general, una subida de entre un 10 o un 12 % no suscitará las iras de la mayoría de los clientes. Compruebe que el negocio no está perdiendo dinero con sus productos más populares. Conténtese si el promedio de precios sigue generando al menos un 30 % de margen bruto.

### Directriz 5: Avise a sus clientes de los cambios de precio

Hacer saber a los clientes que se va a producir una subida de precios les permite prepararse para ello. Sí, esto les da más tiempo para comprar en la competencia, por ello debe conocer los precios de sus competidores antes de subir los suyos. Ello puede también elevar las compras ahora que los precios son todavía un poco más bajos. Si tiene un grupo de clientes particularmente buenos y apreciados, tómese un momento para llamarles o reunirse con ellos antes de mandar la circular con los nuevos precios (y puede que tenga que hacer ciertas concesiones con los que le compran grandes cantidades). El contacto personal lleva su tiempo, pero aportará mucha credibilidad al negocio. Este alivia el dolor del mensaje y ayuda a proteger las relaciones comerciales clave. El contacto personal transmite a los clientes el mensaje de que son colaboradores, no cajeros automáticos. Con las subidas de precios hay que aplicar la regla de oro: trate a los demás como le gustaría que le trataran a usted.

### Directriz 6: Cuando publique nuevos precios es importante que sea exacto

Una empresa de válvulas envió una vez una nueva lista de precios a todos sus clientes en diciembre. Hubo un gran problema: los precios eran incorrectos. Los verdaderos precios eran superiores a los nuevos publicados en la lista. ¡Verifique y corrobore antes de enviar la correspondencia!

### Directriz 7: Es vital escoger el momento adecuado

Las últimas semanas del año son, por regla general, un buen momento para anunciar una subida de precio para el Año Nuevo. La mayoría de empresarios y usuarios en general estamos habituados a recibir notificaciones de subidas de precio en esta época. Las aseguradoras, mutualidades de atención sanitaria y empresas de servicios públicos anuncian a menudo las subidas de tarifas al final del año. Permita que los clientes dispongan al menos de 30 días antes de que los nuevos precios entren en vigor. Ponga rótulos claros y de aspecto profesional en sus establecimientos. Y si no solo vende a consumidores sino también a empresas, debe darles al menos tres meses para que puedan factorizar las subidas de precio en los presupuestos de su próximo año fiscal.

### Directriz 8: Refuerce el valor de lo que ofrece su empresa

Lo importante no es lo que pagan los clientes por un determinado producto o servicio, sino lo que la empresa ofrece. Los precios de los productos y la forma en que estos se comunican deben recordar a los clientes lo mucho que tales productos o servicios contribuyen a su éxito. Suba los precios, ofrezca un valor añadido de un modo profesional, y se sorprenderá de lo atraídos que se sentirán sus clientes hacia este tipo de oferta.

### Diversifique su base de clientes

Quiero decir otra cosa sobre la gestión de los clientes y la comprensión del impacto que estos tienen sobre el margen bruto. Igual que no todos los productos contribuyen al margen bruto del mismo modo, tampoco lo hacen todos los clientes. Los pequeños empresarios deben analizar con atención el perfil de sus compradores, los productos (o servicios) que adquieren y el volumen de sus compras en relación con el total de ingresos. Esto permite

MAQUINARIA DE JANE

MAQUINARIA DE JOE

identificar a los clientes que tienen más influencia en sus ingresos y, en última instancia, en sus beneficios.

Cada cliente es como una empresa en una cartera de inversión. Las buenas carteras de inversión se conciben para que una inversión no pueda poner en peligro los beneficios de toda la cartera. Del mismo modo, los pequeños empresarios deben aprender a gestionar sus clientes para que ninguno de ellos pueda poner en riesgo un porcentaje significativo de los ingresos de la empresa.

He de decir que me ha asombrado la forma en que esta idea ha ayudado a las empresas que he asesorado a establecer ingresos mucho más previsibles. Por otra parte, rara vez he visto subrayar esta estrategia en los textos de contabilidad. Si la puede implementar es increíblemente potente. Tener muchos clientes pequeños es algo realmente deseable porque diversifica el riesgo de perder ingresos. Los pequeños clientes no pueden exigir grandes descuentos. El margen bruto de los pequeños clientes debería ser más elevado. Por tanto, no menosprecie a los pequeños clientes, porque estos pagan las cuentas y mantienen a flote el negocio.

A propósito: una base de clientes diversa hará que una empresa sea más atractiva para los inversores, que verán un negocio con riesgos manejables. Digamos, por ejemplo, que es usted un inversor que ha decidido invertir en una de dos empresas: Maquinaria de Jane o Maquinaria de Joe. Ambas empresas venden líneas de productos muy parecidas, y ambas tienen 100 clientes que les compran habitualmente. Sin embargo, la cantidad que compra cada cliente es muy distinta en cada empresa:

| Maquinaria de Jane | Maquinaria de Joe |
|---|---|
| Cliente A<br>= 90 % del total de ingresos | Cliente A<br>=10 % del total de ingresos |
| Clientes restantes<br>= 10 % del total de ingresos | Clientes restantes<br>= 90 % del total de ingresos |

¿Cuál es el problema? Jane tiene un gorila de 400 kilos como cliente. Nueve de cada diez dólares de los ingresos que genera la empresa de Jane proceden de este único cliente. Esto es estupendo siempre que este cliente siga comprándole. ¿Pero qué sucede si este cliente deja de contar con ella? A Maquinaria de Jane se le plantea un enorme problema porque no puede reponer el 90 % de sus ingresos de la noche a la mañana. De hecho, cuando este cliente tan importante le abandona, Jane tendrá que encontrar otros *muchos* clientes para compensar este déficit. Salir a campo abierto a buscar un volumen importante de nuevos ingresos lleva mucho tiempo y esfuerzo. Por otra parte, Jane tiene posiblemente toda clase de costes operativos para servir al cliente A, algunos de los cuales son gastos fijos. Cuando el cliente A deja de comprar, Jane no puede hacer frente a las facturas que comienzan a amontonarse, mientras que los ingresos bajan más rápido que el índice NASDAQ.

Joe, por otra parte, tiene un solo cliente que genera un 10 % del total de ingresos; ninguno de los demás aporta más del 10 % del total de ingresos, porque posee una base de clientes diversificada. Si un cliente deja de comprar a Joe, sus ingresos disminuirán, pero su empresa no estará, como la de Jane, en un estado crítico. Seguirá cubriendo gastos con los ingresos y el margen bruto que genera la base de clientes restante. Podrá recuperarse con más rapidez. Perder un cliente no hundirá en territorio negativo los beneficios netos de Maquinaria de Joe. Esta es la gran ventaja de diversificar la base de clientes.

Es muy importante entender que un cliente grande no siempre es rentable. De hecho, a veces este tipo de cliente puede salir muy caro. Cualquiera que haya tenido tratos comerciales con alguna administración local o estatal lo sabe. El cliente tiene poder negociador con respecto a los precios, lo que le lleva a esperar grandes descuentos; los plazos de pago son muy dilatados y, además, espera que la dirección esté más disponible que una comadrona. Los clientes grandes suelen también exigir que las empresas establezcan sistemas y procesos muy singulares afines a los suyos para llegar a acuerdos. Esto podría significar unos gastos generales más elevados para la empresa en cuestión.

Si un cliente difícil de complacer insiste en comprar únicamente los productos con el margen más bajo de la línea, tiene que reunirse con él para negociar el precio y un volumen mínimo para los pedidos. Si esto no funciona, puede que sea el momento de despedir al cliente (educadamente, por supuesto) y enviar a la competencia esta empresa que deja tan poco beneficio. Esta es siempre una opción.

## No se deje vencer

Quiero contarle otra historia verdadera que nos ayudará a entender la importancia de la diversificación de la base de clientes. Imagínese que usted gestiona una empresa que desarrolla fantásticas cremas dermatológicas contra el envejecimiento: una verdadera fuente de juventud. Una enorme cadena de hoteles de alta gama descubre este producto y hace un pedido descomunal para vender las cremas en todos sus *spas*. Se trata de un pedido de seis cifras, el más grande que jamás haya recibido. Aparecen botellas de champán por todas partes para celebrar esta gran victoria. La empresa tiene que elaborar el producto y enviarlo a los *spas*, por lo que pide un montón de dinero al banco para financiar el COGS, elaborar el producto, embalarlo y enviarlo a su destino.

Dos meses más tarde, el director recibe la funesta llamada del responsable de compras de la cadena diciendo que el producto no se vende. Quiere devolver *todos* los artículos que no se han vendido. ¡Madre mía! ¿Adivina quién pagó el coste de los artículos? ¿Adivina quién paga las devoluciones? ¿Adivina quién tendrá, probablemente, que vender todos esos artículos con un aterrador descuento muy por debajo del COGS porque las cremas no mejoran precisamente con el tiempo? Si a todas estas preguntas ha respondido «la empresa», tiene un sobresaliente.

¿Cuál es la moraleja de la historia? Un cliente muy grande puede sacudir su margen bruto, flujo de tesorería y beneficios de una forma impresionante. No crea que si encuentra ese gran cliente la vida será más fácil. Rara vez es así, especialmente en el caso de las pequeñas empresas. Las empresas asumen un riesgo mucho más elevado cuando venden a grandes clientes. Es también más difícil controlar el margen bruto, puesto que los grandes clientes no suelen aceptar los precios sino imponerlos. Tales clientes le hacen saber lo que están dispuestos a pagar.

Con una base de clientes diversificada, los ingresos son mucho más previsibles y el riesgo se reparte entre iguales. Construya un sólido fundamento de ingresos para la empresa con clientes previsibles antes de intentar aumentar rápidamente los ingresos con los grandes compradores. Es cierto que los grandes pedidos pueden ayudar a gestionar el COGS, como ya he dicho cuando hemos hablado de Cupcakes R Us; sin embargo, esto es hacer malabarismos.

Un objetivo razonable sería no tener ningún cliente que represente más del 15 % de los ingresos de la empresa (y menos sería aún mejor). Si este cliente deja de comprar, la empresa tiene una cierta resiliencia para reemplazar estos ingresos con nuevos clientes. Aunque usted sea una persona maravillosa y sus productos o servicios sean fabulosos, de vez en cuando algún cliente le dejará buscando mejores pastos. Procure que tal contingencia no le tome desprevenido.

## Unas palabras sobre los gastos de *marketing*

Aunque el *marketing* suele consignarse como un gasto variable en el estado de resultados, realmente debería aparecer como una inversión susceptible de mostrar una rentabilidad mensurable en los ingresos netos y margen bruto. ¿Qué están consiguiendo los dólares que invierte en *marketing*? ¿Puede la empresa identificar y fidelizar a los clientes más relevantes y rentables? ¿Puede hacer lo anterior *de manera más rápida* y eficiente? En el caso de *marketing online*, ¿está la empresa atrayendo visitantes más relevantes que pasan más tiempo en la página web y solicitando información sobre ofertas especiales o boletines informativos?

Por cada dólar invertido en cualquier actividad de *marketing*, los ingresos netos deberían aumentar cinco dólares. ¿Por qué? Porque, generalmente, los presupuestos de *marketing* suelen ser de alrededor del 20 % de los ingresos netos. Téngalo en cuenta. Si una empresa invierte mucho dinero en medios de comunicación y *marketing online* sin obtener un claro beneficio, ha llegado el momento de hacer un cambio.

## RENTABILIZAR UNA EMPRESA DE SERVICIOS

Pasemos ahora de las empresas de productos a las de servicios. Interpretar el estado de resultados de una empresa de servicios puede ser un poco más complejo que el de una de productos, porque el coste de los artículos vendidos de la primera tiene otro aspecto. Lo que vende este tipo de empresas no son «cosas», sino tiempo, mano de obra y experiencia. Esto hace que sea difícil controlar el margen bruto para que esté donde debe estar. Puesto que más del 75 % de las pequeñas empresas son negocios de servicios, hemos de considerar con cierto detalle el margen bruto de las empresas de servicios.

Su tiempo tiene un valor tremendo. Cada minuto que usted malgasta es un fragmento de tiempo único e irrecuperable en la historia de la humanidad. El tiempo es el único activo no recuperable. En una empresa de servicios, todo el éxito depende de la comprensión de este hecho poco reconocido. Y no hay ninguna línea de los estados financieros que consigne el tiempo. Es algo que está implícito. Es también el mayor de sus costes si dirige una empresa de servicios.

Los nombres se han cambiado para proteger a los inocentes

Quiero darle dos ejemplos de empresas de servicios dirigidas por personas muy inteligentes y talentosas que tuvieron que reconocer el verdadero valor de su tiempo. Una vez que lo hicieron, sin embargo, consiguieron incrementar de forma muy significativa sus beneficios, concentrando sus esfuerzos en actividades que impulsaban los ingresos netos y el margen bruto, a la vez que mantenían una buena relación personal con sus clientes. Estos relatos sobre completas transformaciones no solo nos ayudarán a aclarar perceptiblemente este asunto, sino que podrían cambiar el futuro de la empresa que usted dirige.

### Ejemplo 1: Estudio fotográfico

Una de mis clientas era propietaria de un estudio fotográfico al que llamaremos Rostros asombrosos. Hacía tres tipos de fotografías: fotos para anuarios, reportajes de bodas y fotos de familia. Había trabajado 14 horas al día durante 15 años y, al final del año, nunca tenía dinero en el banco. Realizamos un estudio a fondo de su base de clientes para ver qué porcentaje había de retratos para anuarios, de fotos de familia y de reportajes de bodas. En total había hecho 70 retratos para anuarios, 30 bodas y 15 retratos de familia. La mayoría de las fotografías que hizo en el segundo trimestre eran para anuarios, y en el tercero fueron para regalos de Navidad y otras festividades.

Le hice la dolorosa pregunta: «¿Cuánto le lleva realizar cada tipo de fotografía?». Su respuesta fue que los retratos para anuarios solía hacerlos en unas dos horas. Por regla general, realizar un retrato de familia le llevaba unas tres horas, porque tenía que calmar al niño que lloraba, ayudar a la abuela a colocarse en su lugar, etc. En ambos casos, sus clientes podían venir al estudio, porque podía realizar todo tipo de retratos en su casa o jardín con luz natural. No perdía tiempo en desplazamientos o transportando a otra ubicación su extenso equipo de fotografía e iluminación. Lo tenía todo instalado y listo en su estudio.

Las bodas eran un asunto completamente distinto. Tenía que contratar a un ayudante, desmontar su estudio, cargar la camioneta de luces, cámaras y equipo de apoyo (puesto que todas las fotografías se tomaban en tiempo real y tenía que poder hacer frente a cualquier contingencia) y desplazarse hasta la casa de la novia. Tenía que montar el equipo en la casa de la novia, tomar las fotografías y luego desmontar de nuevo todo el equipo, cargarlo en la camioneta y trasladarlo al lugar donde se celebraba la boda. Allí montaba de nuevo el equipo y tomaba más fotografías. Todo el proceso de desmontaje y montaje se repetía por tercera vez para poder sacar las fotografías del banquete. Al final de la jornada, la fotógrafa necesitaba una gran dosis de algo superenergético, porque si no era el dolor de piernas por estar de pie durante 12 horas, era el dolor de cabeza por la suegra que insistía en que dejara fuera de las fotos a este «incorregible tío Fred».

Después de escuchar todos los detalles, le pregunté a nuestra heroína por qué seguía cubriendo bodas. Lo que me dijo fue: «Gano mucho dinero con las bodas». Hmmm. Veamos si era verdad.

Cuando supe las horas que requería cada tipo de fotografía, le pregunté cuál era el promedio de ventas de cada tipo. Este es el desglose:

| Tipo de foto | Horas invertidas por cliente | Promedio de ingresos por cliente | Remuneración por hora |
|---|---|---|---|
| Fotos para anuarios | 2 h | 300 dólares | 150 dólares |
| Retratos de familia | 3 h | 600 dólares | 200 dólares |
| Bodas | 12 h | 1.200 dólares | 10 dólares después de pagar una jornada completa a su ayudante y unas horas de seguimiento |

¿Qué le parece esto? En primer lugar, y considerando el precio por hora, después de los gastos, está claro que los retratos de familia eran los más rentables. Con este tipo de trabajo su tiempo producía más dinero que con cualquier otro. Con cada boda que cubría, no solo se privaba de la compañía de su familia durante los fines de semana, sino que también estaba perdiendo al menos 190 dólares en coste de oportunidad por hora. Si realizara cuatro retratos de familia en el mismo tiempo que necesitaba para cubrir una boda, mi cliente ganaría 2.400 dólares, el doble de los 1.200 que ganaba con las bodas. Ahorraría también todos los gastos que le ocasionaba su ayudante. Por otra parte, si añadimos todo el tiempo invertido después de la boda para procesar archivos fotográficos, trabajo de laboratorio, marcos y la novia (que rara vez decide con rapidez lo que quiere), ¡el tiempo se cuadruplicaba! El resultado neto es que mi cliente ganaba 10 dólares la hora cuando cubría una boda. Habría ganado más dinero cubriendo bodas para un gran estudio fotográfico y facturándoles a 75 dólares la hora, gastos aparte, sin todos los dolores de cabeza del seguimiento. A veces tener una pequeña empresa no es la única forma de ganar dinero.

Lo que esta fotógrafa tenía que hacer debería ser evidente para usted. En primer lugar, tenía que cubrir menos bodas. Una cosa es que conociera a la novia y quisiera hacerle el favor. Pero si pensaba cubrir bodas para ganar más dinero se estaba engañando. Su cuenta corriente se lo decía, pero ella no lo veía.

En segundo lugar, mi cliente tenía que ver lo precioso que era realmente su tiempo. Si podía cobrar 3.000 dólares (2.400 más el coste de su ayudante) o más para cubrir una boda, entonces merecía la pena hacer ese trabajo. De acuerdo, es un hecho que el mercado fotográfico de bodas a este precio es limitado, ¡pero también lo es su tiempo!

En tercer lugar, mi cliente habría tenido que invertir su partida de *marketing* en atraer clientes para los retratos de familia y anuarios. Puesto que, generalmente, los retratos para anuarios se reservan en el segundo trimestre y las fotos de familia en el tercero, estos grupos de destinatarios no suelen estar en conflicto, y esto es algo muy positivo. Los retratos para anuarios y las fotos de familia reportan a mi cliente entre 150 y 200 dólares la hora.

En cuarto lugar, en teoría, ella habría podido trabajar la mitad, programando la mitad de sesiones (ahorrándole la mitad del tiempo) y conseguir un 50 % más de ingresos.

No me mostré categórica con ella, pero le dije que si seguía esta prescripción, al terminar el año natural tendría unos 5.000 dólares en el banco. Me equivoqué. Me llamó el 15 de diciembre y me dijo que tenía 7.500 dólares en su cuenta corriente. Las dos lloramos. Aquello no le había ocurrido nunca. ¡Cambió su vida!

### Ejemplo 2: Firma de diseño de interiores

Una empresa dedicada al interiorismo, ABC Design Corporation, había estado vendiendo su experiencia, ideas creativas y capacidades para la resolución de problemas durante más de 15 años. A diferencia de Cupcakes R Us, sus servicios no eran tangibles, pero resultaban indispensables para las promotoras inmobiliarias que construían grandes rascacielos comerciales. ABC me mostró un estado de resultados parecido al que aparece en la Figura 3–2.

Evidentemente, ABC era rentable: su resultado neto de 1.250 dólares era positivo y representaba el 5 % de los ingresos netos o, en este caso, de los ingresos del proyecto. Esto es de hecho bastante bueno. Lo que ABC no veía era que tenía grandes oportunidades de aumentar sus beneficios netos. Eran cuestiones fáciles de poner en práctica con grandes beneficios potenciales. Yo les recomendé dos cosas: incrementar su capacidad y cambiar su estructura de precios.

#### Incrementar la capacidad para crecer en ingresos

Digamos de nuevo que, en una empresa de servicios, la mayor parte de los gastos relacionados con el proyecto (que es lo mismo que el COGS en una empresa de productos) es principalmente el coste directo de la mano de obra, es decir, tiempo, técnica/experiencia y esfuerzo. Puede que haya que incluir algunos materiales, pero lo que paga el cliente, básicamente, es la mano de obra. En el caso de ABC, los proyectos se desglosaban en distintas tareas que requerían varios niveles de esfuerzo, técnica y tiempo. Es importante que los directores de pequeñas empresas de servicios como esta sepan exactamente la mano de obra especializada y el tiempo que requiere prestar un determinado servicio, por dos razones.

### ABC DESIGN CORPORATION
#### Mes de abril

| | |
|---|---:|
| **Ingresos del proyecto:** | **25.000 dólares** |
| Gastos relacionados con el proyecto (su «COGS») | (1.500 dólares) |
| **Margen bruto de proyectos:** | **23.500 dólares** |
| **Gastos fijos:** Alquiler | (1.500 dólares) |
| **Gastos variables** | |
| Publicidad: | (1.000 dólares) |
| Salarios (socios): | (12.000 dólares) |
| Seguros (salud, invalidez): | (2.000 dólares) |
| Equipo: | (1.000 dólares) |
| Suministros: | (300 dólares) |
| Honorarios de profesionales (contables, abogados, IT): | (2.000 dólares) |
| Teléfono: | (700 dólares) |
| Viajes/dietas: | (500 dólares) |
| **Subtotal de gastos variables** | **(19.500 dólares)** |
| **Total de gastos** | (21.000 dólares) |
| Beneficios de explotación antes de impuestos | 2.500 dólares |
| Impuestos | (1.250 dólares) |
| **Resultado neto mensual** | **1.250 dólares** |
| | **5 % de ingresos** |

FIGURA 3–2

En primer lugar, les permite establecer el precio por hora de cada tipo de trabajo y asegurar el 30 % de margen bruto en cada tarifa. En segundo lugar, les permite identificar estrategias para terminar los proyectos de forma más eficiente y gestionar un volumen de proyectos más elevado. Por ejemplo, la mayor parte del diseño de los proyectos de ABC requería la elaboración de planos. Aunque la mayoría de los socios de ABC estaban capacitados para delinear, era más rentable que contrataran delineantes y que invirtieran su tiempo en determinados aspectos de los proyectos que requerían sus capacidades más elevadas y mejor remuneradas. Por otra parte, con más manos libres para ocuparse del trabajo intensivo, cada semana podían aceptar proyectos más rentables. Les hice ver a los socios de ABC que si podían permitirse la contratación de un buen delineante o diseñador para que los socios pudieran aceptar más proyectos, ABC podría mejorar el tiempo de realización de los proyectos y conseguir mayores ingresos y beneficios brutos cada mes.

## Cambiar la estructura de precios

Si observa los costes relacionados con los proyectos de ABC, verá que la cifra es bastante pequeña en comparación con los ingresos del proyecto. Es esencialmente el coste de desarrollar los diseños y hacer los planos para los arquitectos. La primera vez que vi este estado de resultados, tuve la sensación de que los costes que se reflejaban no eran el total. Intuía que los socios invertían mucho tiempo en aquellos proyectos que se computaba en sus salarios, en lugar de consignarlo en labores directas de cada proyecto. Les aconsejé que calcularan bien el precio de sus horas y que entonces presupuestaran cada proyecto según este coste y el tiempo de ejecución del proyecto. Si el alcance del proyecto cambia, debe cambiar también el coste final. Si el proyecto requiere conocimientos especializados difíciles de conseguir, ABC debería también cobrar un suplemento por ello.

Este estado de resultados no lo refleja, pero cuando le pregunté a Jared, uno de los dos socios, lo que estaba cobrando por su tiempo, me pareció muy poco. Jared comprobó este dato llamando a los tres clientes más importantes de ABC y preguntándoles por qué les contrataron a ellos en lugar de a sus competidores. Uno de ellos le dijo: «ABC era, con diferencia, la empresa más barata». ¿Nos recuerda algo? ¿Recordamos lo que dijimos sobre fijar precios por debajo de los valores reales al principio de este capítulo?

Iba siendo hora de subir precios y, quizás, de apartarse de los proyectos que reportaban pocos beneficios. Significaba también que los socios tenían que establecer unos precios por hora que hicieran que cualquier proyecto fuera rentable y susceptible de aceptación. ABC no había hecho esto.

Cuando analizamos cada proyecto, la remuneración de los socios era absolutamente distinta. Decidimos que en adelante solo se aceptarían aquellos proyectos que tuvieran un margen elevado. También acordamos que si el cliente quería realizar «solo un pequeño cambio», ABC tenía que valorar el tiempo y coste que requeriría llevarlo a cabo. En estos casos ABC tenía que presentar al cliente un documento de «modificación del proyecto», una carta formal informando al cliente del coste de los cambios solicitados y de su afectación sobre las fechas límite. El cliente puede entonces decidir si quiere o no pagar los costes adicionales de este cambio. Si el cliente está de acuerdo, firma y devuelve la carta. Este procedimiento puede parecernos engorroso, pero es para la protección de quienes prestan el servicio, por si cuando llega la factura el cliente sufre un repentino ataque de amnesia.

En el pasado, los socios de ABC hacían estos cambios *gratis*, y esto hacía que el precio de sus horas descendiera drásticamente. Más horas sin cobrar un suplemento significa menos remuneración por hora.

Ahora el cliente paga los cambios y decide cuáles son lo suficientemente importantes como para que merezca la pena pagarlos. Aun así, significa que ABC tendrá más trabajo, pero este al menos estará remunerado. Si el cliente decide que no merece la pena, los socios de ABC no estarán trabajando gratuitamente media noche contrarreloj.

Por cierto, ABC tenía otro problema, y es que necesitaban más espacio de oficinas. El edificio de la Quinta Avenida donde estaban radicados tenía espacio disponible, pero se trata de una zona cara de Nueva York. Contratar más superficie operativa en aquel edificio haría que sus gastos fijos se fueran por las nubes. Los socios decidieron, pues, buscar espacio de altillo en una zona más al oeste de la ciudad donde no tendrían que pagar un alquiler tan elevado. Aunque habría costes de traslado, que se consignarían como un gasto variable único, una vez hecho esto ahorrarían cada mes en gastos fijos, ¡miles de dólares al año! Esto, junto con los otros cambios que les ayudé a hacer, le dio a ABC el potencial de doblar su resultado neto en seis meses o menos. ¡Y lo hicieron!

### Todas las horas no son iguales

Quiero decir algo más sobre calcular el valor del tiempo, capacidades y mano de obra en una empresa de servicios: por favor, no facture las horas como si todos los periodos del día tuvieran el mismo valor, porque no es así. Las horas tienen distintos valores. Una hora de tiempo a las 2 de la tarde no tiene el mismo valor que una hora a las 10 de la noche. Después de las 6 de la tarde se trata de tiempo personal. Si un cliente requiere que un trabajo se realice dentro de un plazo acelerado, que requiere que el proveedor del servicio trabaje después de la jornada y sacrifique tiempo personal, el proveedor debe cobrar por ello.

Una orientadora profesional neoyorquina tiene un cliente que vive en Australia. Este cliente confía plenamente en los consejos de esta asesora. Para él, la hora más conveniente para llamar por Skype desde Australia es a las 10 de la noche. La consultora le cobraba la misma tarifa a las 10 de la noche que a las 2 de la tarde y perdía un tiempo precioso con su familia. Le sugerí que, después de las 6 de la tarde, doblara su tarifa. El cliente podría entonces reorganizar su horario o compensar al proveedor del servicio por el sacrificio personal que requería aconsejarle después de la jornada laboral. El cliente tenía ahora un buen incentivo para ajustar su horario de modo que no representara un inconveniente para su asesora.

Por último, si un proveedor de servicios es experto en alguna materia, esto aumenta el valor de su tiempo y mano de obra, y sus tarifas deberían reflejarlo. Conocí a una doctora que era consultora y experta en los requisitos para la homologación de la Administración de Alimentos y Fármacos (FDA por sus siglas en inglés). Uno de sus clientes se quejó de que solo había pasado unas horas para realizar un proyecto y el precio facturado era muy alto. Mi respuesta a la queja de este cliente fue que lo que estaba pagando era el conocimiento especializado de la doctora; no las horas para llevar a cabo la tarea en cuestión, sino sus años de experiencia. Los proveedores de servicios tienen que conocer el valor de su experiencia y comunicarla de forma efectiva a los clientes.

\* \* \*

Ahora usted no solo sabe lo que es un estado de resultados y cómo funciona, sino que ha visto varios ejemplos de cómo mejorar el margen bruto y el resultado neto, tanto de las empresas de productos como de las de servicios. Si tiene la impresión de que en este capítulo hemos avanzado mucho, está en lo cierto. Esta forma de pensar ha dado un vuelco a negocios multimillonarios y puede también dárselo al suyo. La mejor noticia es que no importa lo que venda una empresa. Estas estrategias para mejorar un margen bruto bajo y una rentabilidad general se aplican a cualquier empresa.

## INSTRUMENTOS CLAVE

### Empresas de productos

▶ Incrementar el precio de un producto y reducir su COGS siempre aumentará el margen bruto por unidad.

▶ Es importante comprobar la competitividad de los precios como un valor de referencia clave para saber si estos son correctos y la demanda del producto o servicio sigue siendo fuerte.

▶ Si conoce el COGS y tiene que establecer el precio de venta (ingresos por unidad), añada un 45 % al COGS para garantizar un margen bruto mínimo de un 30 %.

▶ Puede mejorarse el margen bruto subiendo los precios de productos clave, creando un volumen mínimo para los pedidos y reduciendo el COGS mediante una revisión técnica de la fabricación o el cambio de proveedores.

▶ Diversificar la base de clientes reduce el riesgo de caída de ingresos cuando, por alguna razón, un gran cliente deja de comprar. Esto se aplica a todo tipo de negocios.

**Empresas de servicios**

▶ El coste de las ventas en los negocios que ofrecen servicios son el valor del tiempo y la experiencia.

▶ Recuerde que el margen bruto debe ser de al menos el 30 % de los ingresos netos para desarrollar una empresa rentable aun en las empresas de servicios. El COGS de una empresa de servicios es el coste de una hora del tiempo o conocimiento de un experto.

▶ Los clientes están pagando una tasa por los años de experiencia, no solo las horas invertidas en una determinada tarea.

▶ Es de vital importancia hacer un seguimiento del número de personas y horas invertidas en los proyectos para que haya una correlación entre lo que se factura y los costes de tiempo para entregar el producto final.

▶ Si un cliente solicita cambios en un proyecto, debe redactarse un documento de modificación de proyecto para su aprobación que especifique el incremento de tiempo y costes sobre el proyecto general. De este modo se consideran tanto los intereses del cliente como los del prestador del servicio.

▶ Concéntrese en aquellos clientes que compran los productos o servicios más rentables de la empresa.

# CAPÍTULO 4

# El punto de equilibrio

Cuando su negocio es realmente
autosuficiente

---

Si alguien le preguntara «¿Cómo sabe que esta empresa es rentable?», usted podría ahora dirigirse confiadamente al estado de resultados para ver si este era positivo o negativo durante el periodo a evaluar. Si este resultado es positivo, significa que hay beneficios y la empresa es rentable. Si el resultado es negativo, significa que la empresa tiene pérdidas. Después de estos tres capítulos, estará también familiarizado con todas las variables que determinan los beneficios y con ciertas técnicas sofisticadas para mejorarlos a fin de construir y proteger un resultado neto positivo. Lo que en un principio, al comenzar este libro, podía resultarle intimidatorio, se está ahora convirtiendo en algo intuitivo. ¡Esto es avanzar!

Antes de presentarle el siguiente indicador de su panel de instrumentos financieros, el estado de la tesorería (llegaremos a él en el capítulo 5), he considerado importante introducirle a un punto clave en la vida de una pequeña empresa que descuidan la mayoría de empresarios: el **punto de equilibrio** o umbral de la rentabilidad.

El punto de «equilibrio» de una empresa se produce cuando el resultado neto es *cero*, ni positivo ni negativo. En este punto de equilibrio, las ganancias de una empresa son las mismas que sus pérdidas. Los ingresos netos son lo suficientemente cuantiosos como para cubrir todos los gastos fijos y variables y la empresa tiene el potencial para generar beneficios sostenibles. Por ello, al punto de equilibrio le llamo punto de «dormir por la noche». Evidentemente, nuestro objetivo son los resultados netos positivos, pero lo más importante es que estos beneficios sean sostenibles a lo largo del tiempo.

Este capítulo le enseñará a analizar el punto de equilibrio o umbral de la rentabilidad. También le ofrecerá otras maneras de asegurar que el potencial de beneficios de la empresa está protegido a largo plazo. Cada empresa tiene un punto de equilibrio distinto porque sus niveles de gastos e ingresos son distintos. Por ello es importante saber cuál es el punto de equilibrio de la empresa que *usted* está gestionando.

La buena noticia es que todos los datos para determinar el punto de equilibrio proceden directamente del estado de resultados. Esta es la razón por la que lo comentamos en este capítulo 4, justo después de considerar este estado y su funcionamiento en los capítulos 2 y 3. A estas alturas, debe sentirse tan cómodo con este primer indicador de su panel de instrumentos financieros como con unos zapatos viejos.

Pero recuerde que una pequeña empresa es como su vehículo, que puede funcionar a distintas velocidades. Si usted quiere llevar a la empresa hacia unos beneficios *sostenibles*, generados de forma eficiente, tiene que prestar una minuciosa atención a este punto de equilibrio. Cuando una empresa alcanza este punto significa que, como un adulto, ha llegado a ser autosuficiente, al menos en teoría.

## ¿POR QUÉ ES IMPORTANTE EL PUNTO DE EQUILIBRIO?

El punto de equilibrio es el primer triunfo del camino a la rentabilidad. Para la mayoría de las pequeñas empresas, alcanzar este hito de la autosuficiencia es una importante proeza. En las primeras etapas de una pequeña empresa, todos los gastos (el total de gastos fijos y variables) tienden a ser superiores a los ingresos netos.

¿Por qué? Porque los gastos variables, como la construcción de una página web o la promoción de los productos y servicios de la empresa, pueden ser importantes y se amontonan muy rápido, mientras que los ingresos netos se producen a un ritmo mucho más lento e impredecible. Las empresas tardan tiempo en desarrollar una buena reputación. Se requiere tiempo para que los clientes experimenten los beneficios de los singulares productos o servicios de la empresa. Lleva su tiempo que los clientes compren este nuevo producto o servicio de modo que la empresa pueda generar ventas que incrementen los ingresos netos. Se requiere tiempo para que los clientes se enamoren de un producto o servicio y que su entusiasmo se propague a sus amigos y colegas para que también ellos se hagan clientes. Y lleva su tiempo calibrar la tendencia de los ingresos netos para que quien dirige la empresa pueda comenzar a predecir cuándo van a comprar los nuevos clientes, qué productos o servicios escogerán, qué volumen comprarán y cuánto margen bruto generarán tales compras. Estos son los factores que impulsan los ingresos netos y el margen bruto, que usted ha aprendido en los últimos dos capítulos. (¿Es el momento de repetir el mantra del capítulo 2?: *El margen bruto de cualquier producto o servicio debe representar al menos un 30 % de los ingresos netos o ser un 45 % superior al coste de los artículos vendidos*).

Generar un determinado volumen de ingresos netos siempre lleva más tiempo de lo que esperan los directores de las pequeñas empresas. Por ello, en el capítulo 2 he afirmado que en la primera fase, durante el desarrollo de los ingresos netos, es vital controlar de cerca y estrictamente los gastos.

Aunque, mes tras mes, la empresa siga mostrando resultados negativos, es alentador ver que los índices de ingresos netos van en aumento. Con el tiempo, a medida que crece el número de clientes que compran nuestros productos, la empresa gana en eficiencia y los ingresos netos comienzan a crecer a un ritmo más rápido que los gastos. Este es el punto en que el resultado neto llega a ser positivo y se generan beneficios. Esto es lo que necesita toda empresa para ser viable.

Cuando se produce esta dinámica, sabemos que el negocio está camino al punto de equilibrio. Si una empresa no alcanza este punto, nunca será rentable, por mucho que a los clientes les encanten sus productos o servicios. *Hasta que los ingresos netos por ventas no sean sistemáticamente superiores al total de los gastos fijos y variables, una empresa no será autosuficiente.*

## CÓMO DESCUBRIR EL PUNTO DE EQUILIBRIO

Consideremos un ejemplo abreviado de un sencillo estado de resultados de Repuestos para automóviles de John. Después le mostraré estos números expresados en un gráfico para que aprenda a encontrar el punto de equilibrio. Para determinar cuántas unidades deben venderse para conseguir el punto de equilibrio, expresaré los ingresos netos, el COGS, el margen bruto y los gastos variables por unidad en lugar de mostrar los totales como hemos hecho en los tres capítulos anteriores.

En este ejemplo, el **margen neto** es simplemente el resultado de los ingresos netos menos los gastos variables directos (COGS) y los indirectos (costes operativos) *por unidad*. O puede planteárselo como el margen bruto menos los gastos variables indirectos *por unidad* (son dos formas de decir lo mismo). En cualquier caso, este margen neto por unidad es lo que queda para cubrir todos los gastos fijos. Esto nos lleva un paso más cerca para poder calcular las unidades que deben venderse para llegar al punto de equilibrio.

Mostraremos el *total* de los gastos fijos y variables *por unidad* porque esta cifra será la misma, ya sea que vendamos una o mil unidades. Consideremos las primeras seis líneas del estado de resultados de Repuestos para automóviles de John, como se muestra en la Figura 4–1.

## Gastos fijos frente a unidades vendidas

Si una imagen vale más que mil palabras, sirvámonos de imágenes para ver qué es exactamente lo que sucede. Entendamos primero lo que cuantifica el diagrama de la Figura 4–2.

### REPUESTOS PARA AUTOMÓVILES DE JOHN
#### Estado de resultados

| | |
|---|---|
| **Ingresos netos** por unidad = | 15 dólares |
| Menos: **gastos variables directos (COGS)** por unidad = | (4 dólares) |
| **Margen bruto** por unidad = | 11 dólares |
| Menos: **gastos variables indirectos** | |
| (gastos operativos) por unidad = | (2 dólares) |
| **Margen neto** por unidad antes de **gastos fijos =** | 9 dólares |
| **Total de gastos fijos =** | (1.500 dólares) |

FIGURA 4–1

En la parte de abajo, en la línea horizontal que llamamos eje «x», está el rótulo «Número de unidades vendidas». A medida que su mirada se desplaza hacia la derecha va aumentando el número de unidades vendidas. La línea vertical, o eje «y», solo mide dólares, como indica la bandera con el signo «$». Aquí, estos dólares representan los gastos fijos, pero pueden representar cualquier cosa que

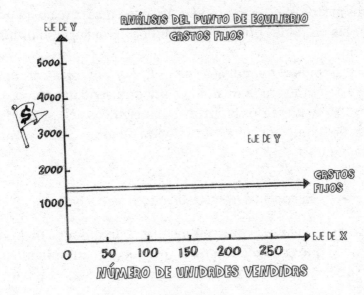

FIGURA 4–2

pueda medirse en dólares: gastos fijos, variables, ingresos netos o cualquier otra cosa. Como verá después, esto resulta práctico.

En esta figura solo he diagramado la línea de gastos fijos. Se trata de una línea doble y uniforme que ilustra que, en este ejemplo, los gastos fijos serán los mismos independientemente de si la empresa vende una o doscientas unidades de cualquier cosa. Para Repuestos para automóviles de John, los gastos fijos son de 1.500 dólares. Digamos que estos gastos fijos son de alquiler. Si no cambian los términos del arrendamiento o la empresa se traslada, la línea de los gastos fijos no cambiará.

### Gastos fijos y variables frente a unidades vendidas

Pero los fijos no son los únicos gastos; hemos de considerar también los gastos variables. Como seguramente recordará de lo dicho en el capítulo 2, existen dos clases de gastos variables: los directos (COGS: materiales y mano de obra) y los indirectos (comisiones de ventas, gastos de asistencia web, *marketing*, etc.), que aumentan cuando lo hace el número de unidades vendidas. Puesto que los gastos variables indirectos se incrementan cuando lo hacen las ventas (el número de unidades), la línea de gastos variables mostrará una inclinación ascendente. En la Figura 4–3 añadimos la línea de los gastos variables (discontinua) al diagrama de gastos fijos.

Observe que la línea de gastos variables arranca en los 1.500 dólares. Esto se debe a que los gastos variables se pagan *además de* los gastos fijos *y a partir de* ellos.

### Gastos fijos, gastos variables e ingresos netos frente a unidades vendidas

Antes he dicho que el eje «y» mide dólares, y que cualquier cosa que se cuantifique en dólares puede representarse en este mismo cuadrante. Podemos, pues, añadir los ingresos netos de Repuestos para automóviles de John para este análisis del punto de equilibrio y ver qué sucede. En la Figura 4–4 hemos hecho exactamente esto.

La línea gruesa, negra y ascendente de la Figura 4–4 representa los ingresos netos. Esta línea traza los dólares que entrarán en la empresa por la venta de una, dos, tres… 200, 250 unidades (el precio unitario por el número de unidades vendidas, ¿recuerda?). Observe que la línea de ingresos netos comienza en el punto (0,0), porque si la empresa de John no vende nada, el número de unidades vendidas es cero y los ingresos netos son cero. A medida que esta empresa vende más unidades, se incrementan tanto el número de unidades vendidas como los ingresos netos. Es decir, ambas líneas son ascendentes. El desafío es conseguir que *los gastos fijos y variables no crezcan más rápido que los ingresos netos* para que los beneficios sigan siendo positivos. Esta es la clave para alcanzar el punto de equilibrio lo antes posible. Si los gastos suben más rápido

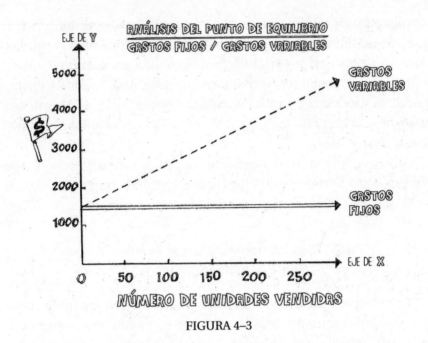

FIGURA 4–3

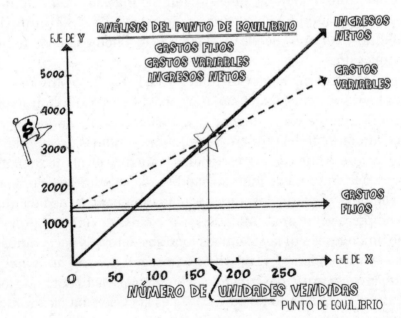

FIGURA 4–4

que los ingresos netos, la empresa tendrá problemas. Si no es esta semana o mes, será el mes que viene o el próximo trimestre.

La demanda del cliente determina los ingresos netos. A los clientes no les importa mucho si John está gastando demasiado o poco en cosas como alquiler o *marketing*. Lo que sí les importa es si John tiene los repuestos que necesitan y si el servicio es bueno o malo. El control de los gastos necesarios para gestionar la empresa es cosa de John. Esta es la clave para alcanzar el punto de equilibrio lo antes posible. Esto se consigue moderando los gastos y aumentando los ingresos netos, es decir, vendiendo más. Pero este libro no pretende enseñarle a vender más, sino a tomar decisiones comerciales inteligentes, de modo que me ceñiré a este propósito.

Volvamos a la Figura 4–4. Observe la gran estrella situada en el centro del diagrama: señala el punto de equilibrio. Es el punto en que el número de unidades vendidas y, por tanto, los ingresos netos es lo suficientemente elevado como para cubrir tanto los gastos fijos como los variables.

## Cómo determinar el volumen de unidades necesario para alcanzar el punto de equilibrio

Puesto que sabe lo importante que es alcanzar el punto de equilibrio, ¿no sería útil que la empresa supiera también cuántas unidades tiene que vender para alcanzarlo? Al número de unidades vendidas correspondiente al punto de equilibrio se le llama **volumen de equilibrio** (o «volumen del punto de equilibrio»), y alude al número de unidades que la empresa debe vender para alcanzar el punto de equilibrio.

Volviendo al estado de resultados de Repuestos para automóviles de John, vemos que los gastos variables directos (4 dólares del COGS) ya se han cubierto con los ingresos netos, dejándole 11 dólares, y los costes variables indirectos (2 dólares de los costes operativos) también han sido deducidos, dejándole 9 dólares.

Esto significa que cada unidad vendida produce 9 dólares para cubrir los gastos que quedan, los gastos *fijos* (el alquiler). Estos 9 dólares son el margen neto por unidad (precio unitario menos costes directos e indirectos por unidad). Calculemos, pues, cuántas unidades tiene que vender John para cubrir el alquiler.

Hemos de encontrar el número de unidades que hay que vender para cubrir los gastos fijos de 1.500 dólares al mes. Esto nos dará el volumen de equilibrio por mes. La ecuación es simple:

Gastos fijos ÷ margen neto por unidad = Volumen de equilibrio
1.500 dólares ÷ 9 dólares = 167 unidades vendidas
para alcanzar el punto de equilibrio cada mes

Si mira de nuevo la Figura 4–4, verá una línea delgada que cae verticalmente desde la estrella del punto de equilibrio hasta cruzar la línea de unidades vendidas, en la marca de las 167 unidades.

**Los beneficios se elevan por encima del punto de equilibrio y las pérdidas se sitúan por debajo de este**

Cuando dirigía Bedazzled, me sentía nerviosa con las ventas de camisetas hasta que habíamos vendido suficientes para alcanzar el punto de equilibrio. Sabía que hasta que no consiguiéramos este número de unidades, el resultado neto de Bedazzled sería negativo: tendríamos pérdidas.

En la Figura 4–5 se muestran dos zonas sombreadas, una por encima del punto de equilibrio y otra por debajo de él. Observe la sombra *por encima* de la estrella del punto de equilibrio, con el rótulo «Resultado neto positivo = Beneficios». Puede ver que cuando la línea de los ingresos netos asciende (a la derecha), la empresa gana más dinero.

A medida que la distancia entre la línea de ingresos netos y la intermitente de los gastos variables se ensancha por encima del

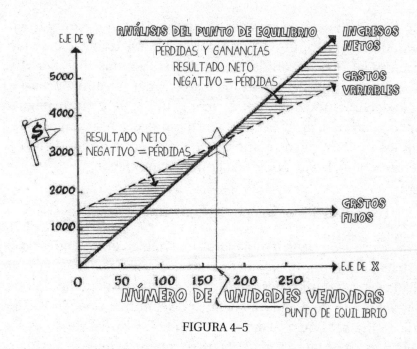

EJE DE Y

**ANÁLISIS DEL PUNTO DE EQUILIBRIO**

PÉRDIDAS Y GANANCIAS
RESULTADO NETO
NEGATIVO = PÉRDIDAS

**INGRESOS NETOS**

**GASTOS VARIABLES**

5000

4000

RESULTADO NETO
NEGATIVO = PÉRDIDAS

3000

2000

**GASTOS FIJOS**

1000

EJE DE X

0     50     100     150     200     250

**NÚMERO DE UNIDADES VENDIDAS**

PUNTO DE EQUILIBRIO

FIGURA 4–5

punto de equilibrio, la empresa se hace más rentable. Esto sucede cuando los ingresos netos aumentan más rápido que los gastos, y debería ser el objetivo en que se esfuerza toda empresa.

## El volumen de equilibrio de las empresas de servicios

Si usted dirige una empresa de servicios, estas figuras también se aplican a su negocio. En el eje «x» del diagrama, en lugar de «Número de unidades vendidas», ponga «Número de horas facturadas». Conceptualmente, el punto de equilibrio es exactamente el mismo. La pregunta clave es, pues: «¿Cuántas horas tiene que facturar la empresa para cubrir los gastos fijos y variables?». O: «¿Cuál es mi volumen de equilibrio en horas?».

La diferencia es que en una empresa de servicios lo que usted vende es tiempo y talento. Los ingresos netos pueden basarse en proyectos terminados o en horas trabajadas, pero lo importante, en última instancia, es conocer el valor de las horas, como he comentado en el capítulo 3. El número de horas trabajadas se diagrama igual que las unidades vendidas. Cuantas más horas se trabajan, mayores deben ser los ingresos netos. Al menos, así es como debería funcionar. Debe saber lo que quiere que le paguen por hora, en cada momento del día, basándose en su singularidad y en los precios de sus competidores. Si lo que acaba de leer le suena extraño, lea de nuevo el capítulo 3, por favor.

### Los ingresos no siempre crecen; a veces disminuyen

En la Figura 4–5 puede también trazarse la línea de los ingresos netos hacia atrás, por debajo del punto de equilibrio. La zona sombreada lleva el rótulo «Resultado neto negativo = Pérdida». Por debajo del punto de equilibrio, la línea discontinua está *por encima de* la de ingresos netos. Esto muestra que los gastos variables son *superiores* a los ingresos netos. Si usted recorre la línea de los ingresos netos todavía más atrás, puede haber un punto en el que tanto los gastos variables como los fijos sean superiores a los ingresos netos. ¡Esta situación es un verdadero problema que debe resolverse! A largo plazo, ninguna empresa que presente un persistente resultado neto negativo es viable. Por eso hemos pasado la mayor parte del capítulo 3 exponiendo numerosas estrategias para reducir varios tipos de gastos e incrementar los ingresos netos y el margen bruto (¿recuerda los *cupcakes* de frambuesa?) para que la empresa pueda comenzar a tener beneficios a la mayor brevedad posible.

Una empresa puede ver que la línea de ingresos netos cae por debajo del punto de equilibrio por muchas razones. Las siguientes son algunas de las que yo he visto durante los últimos 20 años, pero créame, existen muchas otras.

- Un descenso de la demanda debido a una economía débil disminuye el número de unidades vendidas y, por tanto, los ingresos netos.

- Los gastos variables suben, pero los ingresos netos no lo hacen con la suficiente rapidez para cubrirlos. (Por ejemplo, la empresa invierte en un programa de *marketing online* que es muy caro pero genera pocos clientes nuevos o no aumenta los ingresos netos de los existentes).

- El equipo de venta no hace un diligente seguimiento de posibles clientes, de modo que el potencial de los ingresos netos está bloqueado, mientras que la empresa sigue haciendo frente a los gastos con los salarios y beneficios del equipo de venta.

- Llegan al mercado nuevos competidores con elevados presupuestos en promociones y se llevan clientes que solían comprar a la empresa que usted administra.

- El desarrollo de la tecnología hace que un producto o servicio quede obsoleto, de modo que los clientes pierden interés.

- La empresa puede centrarse demasiado en la venta de productos antiguos, lo cual reduce el número de unidades vendidas y los ingresos netos.

- El servicio técnico de la empresa es malo, la satisfacción del cliente sufre y este comienza a comprarle a la competencia, con la lógica reducción del número de unidades vendidas y los ingresos netos.

## ALCANZAR EL PUNTO DE EQUILIBRIO REQUIERE TIEMPO

Puede que parezca fácil alcanzar el punto de equilibrio, pero, en realidad, es algo bastante difícil de conseguir. Muchas pequeñas empresas nunca llegan, lo cual es una de las razones por las que el índice de fracaso de pequeñas empresas es tan elevado. La mayoría de quienes dirigen pequeñas empresas piensan que el problema es que a menudo se les agota el dinero, pero la verdad es que lo que se les agota muchas veces es el tiempo.

Alcanzar el punto de equilibrio es una carrera contrarreloj. La meta es alcanzar el punto de equilibrio lo más rápido posible para que los gastos no hundan a la empresa antes de que los ingresos netos alcancen el nivel adecuado. La mayoría de las pequeñas empresas tardan de tres a cinco años en alcanzar el punto de equilibrio, si es que lo consiguen. Cuanto más se prolonga este periodo, más elevado es el efecto acumulativo de resistencia al arrastre que tienen los gastos para generar un resultado neto positivo.

Usted compra tiempo para que la empresa desarrolle sus ingresos netos esforzándose por mantener los gastos al mínimo durante el periodo más prolongado posible, especialmente en una economía débil. Esta es la razón por la que, en capítulos anteriores, hemos pasado tanto tiempo con las formas de reducir gastos y mejorar el margen bruto.

## Mantenga un bajo índice de gastos para alcanzar el punto de equilibrio más rápidamente

Dirigir un negocio desde un local con alquiler bajo o gratuito —una casa o un garaje, por ejemplo— hasta alcanzar el punto de equilibrio puede reducir los gastos fijos. Esto ayudará a que la empresa alcance previsibles beneficios mucho más rápidamente.

Si puede alquilar su equipo en lugar de comprarlo, ¡hágalo! Si puede subcontratar en lugar de contratar empleados de plena dedicación, hágalo también. Estos consejos pueden ayudar a reducir los gastos variables. ¿Es incómodo? ¿Hace que la vida sea un poco más frenética? La respuesta a ambas preguntas es «sí». Durante los primeros años de Microsoft, todo el mundo —incluso Bill Gates— viajaba en vuelos baratos y comía con sencillez para ahorrar dinero. Gates aprovechaba cada oportunidad que se presentaba para ahorrar, ¡y mire donde llegó! Si esta mentalidad fue buena para Gates, lo será también para las pequeñas empresas.

Larry Janesky, CEO de Basement Waterproofing Systems en Seymour, Connecticut, es un genio. Es también uno de mis héroes. Comenzó este negocio cuando tenía 17 años y comenzó de cero hasta conseguir más de 100 millones de dólares en ventas con esta forma de pensar. Ahora está llevando este mensaje a cada contratista que quiera escucharle. En su libro *The Highest Calling* (Relia-Serve Corporation, 2009), Janesky amonesta a los pequeños empresarios a abstenerse de comprar este nuevo camión tan espectacular hasta que estén cubriendo todos los gastos y el ritmo de entrada de los ingresos netos sea previsible. Les aconseja que resistan la tentación de alquilar espacios de oficinas más amplios y lujosos hasta que los ingresos netos de la empresa sean suficientemente cuantiosos, rentables y previsibles para pagar estas subidas en los gastos fijos. Tome nota de estas empresas prósperas: no permita que el optimismo o su ego le inciten a aumentar esta clase de gastos de forma precipitada y prematura. Ahorre dinero y comprará tiempo.

### Otras estrategias para alcanzar más rápidamente el punto de equilibrio

Las mismas estrategias para elevar el margen bruto y recortar gastos de las que hablamos en el capítulo 3 deberían usarse para avanzar con rapidez hacia el punto de equilibrio. Y ahí van algunas más:

- Concéntrese en aquellos clientes que son rentables y leales a la empresa. Construya una buena relación con ellos y encuentre formas de hacer que su empresa les sea más imprescindible. Por regla general, esto mejora el número de unidades vendidas y aumenta los ingresos netos.

- Concentre los esfuerzos de venta en productos y servicios que tengan un elevado margen bruto.

- Renegocie los acuerdos de alquiler, si puede ser, para reducir los gastos fijos. O trasládese a una parte más barata de la ciudad.

- Convierta al personal de plena dedicación en personal a media jornada para ahorrar en costes, reduciendo los gastos variables. Puede que esta no sea una opción fácil, pero confíe en mí, la bancarrota es mucho más difícil.

Los empresarios experimentados tienen un ojo puesto en el punto de equilibrio y no escatiman esfuerzos para asegurarse de que la empresa llega lo antes posible a este lugar.

Otra variable para alcanzar el punto de equilibrio es la economía. En una economía fuerte, es mucho más fácil llegar a este punto. El empleo es fuerte y los consumidores y empresas compran más productos y servicios porque hay más ingresos para gastos cuando la economía crece. En las economías débiles, alcanzar este punto de equilibrio es un proceso más lento porque el desempleo es elevado y es difícil encontrar clientes dispuestos y solventes para comprar productos y servicios. Puede que abrir una empresa en una economía débil cueste lo mismo, pero la línea de ingresos netos será mucho más horizontal y llevará más tiempo para que esta se cruce con la de gastos variables para llegar al punto de equilibrio.

## LOS GASTOS DE *MARKETING* PUEDEN SER UNA AYUDA O UN OBSTÁCULO

El *marketing* no es barato. No es fotocopiar folletos en una máquina prestada en el sótano de la iglesia y pagarle a su hija 2 dólares la hora para que los ponga en los limpiaparabrisas. Este tipo de gastos pueden representar un serio consumo de la liquidez de la empresa (en el capítulo 5 hablaremos en detalle de esto). Su meta es hacer que los gastos de *marketing* sean más eficientes ayudándole a vender más unidades. En otras palabras, encontrar nuevos clientes debería ocasionar menos gastos de *marketing*.

### Es esencial que el capital invertido en *marketing* tenga un rendimiento

Los gastos de *marketing* deberían considerarse una inversión, aunque en el estado de resultados suelen consignarse como un gasto variable. La diferencia entre una inversión y un gasto es importante. Cuando usted hace una inversión en su vida personal, espera conseguir un cierto rendimiento, una compensación superior al valor de la inversión original por asumir un riesgo. En una empresa sucede lo mismo.

Si un negocio gasta un dólar en una campaña para promocionar su página web y esta campaña produce 5 dólares en nuevos ingresos netos, la empresa ha obtenido un rendimiento de su inversión. Si la empresa invierte en una campaña en los medios de comunicación social y no ve ninguna mejoría en el tráfico de su página web u otros ingresos netos, esta campaña se convierte en un **coste irrecuperable**, un gasto que no ha producido ningún beneficio y que no puede recuperarse. Si la empresa asume muchos costes de este tipo, el punto de equilibrio será más difícil de alcanzar y tendrá que vender muchas más unidades para cubrir estos otros gastos. Un rápido crecimiento en gastos de cualquier tipo sin el correspondiente incremento en ingresos netos garantiza que la empresa se deslizará por debajo del punto de equilibrio y tendrá pérdidas.

Muchos pequeños empresarios caen en la trampa de contratar el *marketing* a publicistas *online* y acaban rentabilizando muy poco este gasto variable. (Experimenté esta frustración cuando estaba poniendo en marcha Best Small Biz Help.com). Si la empresa contrata publicistas profesionales para promocionar productos o servicios, *online* o por otros medios, asegúrese de que esta inversión produce una rápida rentabilidad para la empresa. Para hacerlo, debe tener claros los criterios del éxito.

### Establezca valores para medir el rendimiento y la rentabilidad de los gastos de *marketing*

Cuando usted invierte en una campaña de *marketing*, debe saber valorar lo que ha mejorado con ella. ¿Cuáles son las expectativas razonables? ¿El número de nuevos clientes potenciales atraídos a la empresa, o el de nuevos visitantes que han solicitado la hoja informativa? ¿En qué periodo de tiempo debería producirse? Antes de firmar el contrato con su publicista profesional deberían concretarse estos y otros indicadores. Si su publicista no quiere hablar de estos indicadores de éxito con usted, debería encenderse una luz roja. Siga buscando y encuentre un profesional que esté dispuesto a aceptar su responsabilidad.

Cerciórese de comparar estos indicadores *antes* y *después* de la campaña de *marketing*. Los resultados deberían comenzar a verse dentro de las *dos semanas* posteriores a la campaña. Si la campaña está funcionando, invierta más en ella. Si pasados 60 días los resultados no son positivos, reduzca este gasto variable o elimínelo por completo. Esta es una forma de impedir que los gastos de *marketing* se descontrolen.

Algunas de las preguntas que me hago para valorar si el coste de una campaña de *marketing* se ha rentabilizado son:

- ¿Qué mejoró tras iniciarse los esfuerzos de *marketing*?

- ¿Aumentó el número de visitantes realmente interesados a la página web?

- ¿Fueron visitas más prolongadas que antes de que comenzara la campaña?

- ¿Encontró la empresa un mayor número de nuevos clientes potenciales?

- ¿Mejoró la calidad de los nuevos clientes?

- ¿Contribuyó la campaña a construir relaciones más sólidas y dignas de confianza con los clientes existentes?

- ¿Concluyó la empresa con más ingresos netos y un promedio de margen bruto más elevado?

- ¿Subió el promedio de ingresos netos de cada venta? Es decir, ¿compraron más los clientes actuales?

- ¿Hubo más repetición de compras como consecuencia de la campaña?

## Concentre los esfuerzos de *marketing* en aquellos productos y servicios con un elevado margen bruto

Además de controlar los costes, para alcanzar lo antes posible el punto de equilibrio debe concentrar los esfuerzos de ventas en aquellos productos y servicios con un elevado margen bruto, puesto que estos son más eficientes para cubrir todos los gastos. Si el producto A genera 5 dólares de margen bruto por unidad y el producto B produce 10, ¿a qué producto deben dirigirse los esfuerzos de *marketing*? Si ha dicho el producto B, su respuesta es correcta ¡y es evidente que el capítulo 2 ha afectado realmente su forma de pensar! Cada unidad vendida del producto B genera 10 dólares de margen bruto: exactamente el doble que el producto A. Por ello, cuantas más unidades se vendan del producto B, más rápido alcanzará el negocio el punto de equilibrio. Mírelo de otra forma: cuanto más se venda el producto con un margen bruto más elevado, menos unidades tendrán que venderse para alcanzar el punto de equilibrio.

Esta es la razón por la que creo que los negocios deben gestionarse con el margen bruto como referencia, generando ingresos netos que *produzcan al menos un 30 % de margen bruto*.

Esto es lo que calcula el estado de resultados, y ahora ya sabe cómo leerlo, dónde buscarlo y lo que debe hacer si el margen bruto cae por debajo del 30 %. No se trata de un triunfo pequeño.

No será siempre fácil poner en práctica algunas de estas sugerencias o todas ellas. Pero cuando lo que hay en juego es la supervivencia del negocio, *ningún producto o gasto puede ser sagrado* si no contribuye adecuadamente a que la empresa alcance el punto de equilibrio y los beneficios.

## MANTENERSE EN EL PUNTO DE EQUILIBRIO O POR ENCIMA DE ÉL

Cuando los profesionales de la salud le preguntan «¿Conoce su número?», lo que quieren decir es si sabe cuál es su presión arterial. En el ámbito de los negocios, el punto de referencia que responde esta pregunta es el volumen de unidades necesarias para alcanzar el punto de equilibrio: cubrir todos los gastos y mantener en marcha la empresa. Esto señala el lugar en el que su empresa consigue un equilibrio entre los ingresos netos procedentes de las compras de los clientes y los gastos (donde se incluye su salario, esperemos que generoso) necesarios para la buena marcha de la empresa.

Conocer su punto de equilibrio le ayuda a comprender la trascendencia de sus decisiones con respecto a los gastos. Conocer el volumen de equilibrio le llevará a preguntarse: «Si la empresa asume otro dólar de gasto, fijo o variable, ¿cuántas unidades más de producto u horas de servicio tendrá que vender para cubrir tales gastos?». Cuando sea consciente de lo mucho que tendrá que trabajar para conseguir nuevos clientes que generen más ingresos, puede que decida no asumir ningún gasto más. Cuando se trata de mantener la salud, la mejor estrategia es la prevención. Sucede lo mismo cuando se gestiona una pequeña empresa: la mejor estrategia es evitar la reducción de los ingresos netos, no intentar recuperarse de su caída.

Un margen bruto alto siempre hará que sea más fácil cubrir gastos de cualquier tipo, por ello una parte muy importante de su estrategia es evitar situarse por debajo del punto de equilibrio.

Otra medida preventiva esencial, que hemos comentado en el capítulo 3, es proteger y estabilizar los ingresos netos diversificando su clientela. Si un importante cliente genera más del 15 % de los ingresos netos y este cliente decide dejar de comprar a su empresa, la pérdida de estos ingresos podría hundirla bien por debajo del punto de equilibrio.

\* \* \*

El punto de equilibrio es como la gran flecha roja en el mapa del centro comercial. Le muestra dónde están exactamente los ingresos en relación con los gastos. Si quiere calcular el punto de equilibrio de una empresa, el primer lugar al que debe ir es el estado de resultados. Este documento le ofrece toda la información que necesita para determinar si su negocio está por debajo del punto de equilibrio o por encima de él. Si el estado de resultados consigna un resultado negativo, un análisis del volumen de equilibrio pondrá de relieve cuántas unidades más deben venderse o cuántos gastos tienen que recortarse para que el resultado final se sitúe en territorio positivo.

## INSTRUMENTOS CLAVE

▶ El punto de equilibrio es el lugar en el que los ingresos netos procedentes del número de unidades vendidas son suficientes para cubrir todos los gastos fijos y variables (es decir, todos los gastos incluyendo el COGS) y los beneficios son cero.

▶ Las empresas nuevas y en expansión deben llevar los ingresos netos por encima del punto de equilibrio para ser viables.

▶ Las empresas que llevan un tiempo funcionando deben evitar que los ingresos netos caigan por debajo del punto de equilibrio para mantener su viabilidad económica.

▶ Reducir los gastos y mejorar el margen bruto siempre hará que sea más fácil alcanzar el punto de equilibrio.

▶ Cuanto más bajos sean los gastos y más elevado el margen bruto, más rápido alcanzará y sobrepasará su empresa el punto de equilibrio.

▶ El volumen de equilibrio es el número de unidades vendidas que la empresa debe conseguir para alcanzar el punto de equilibrio. Cuanto más amplio sea el margen bruto por unidad, menos unidades tendrá que vender para cubrir todos los gastos y cruzar el punto de equilibrio, llegando a la zona de rentabilidad.

▶ Los gastos han de crecer siempre a un ritmo inferior que los ingresos netos.

▶ Asegúrese de que la entrada de ingresos netos es estable y previsible antes de aumentar los gastos de cualquier tipo.

CAPÍTULO **5**

# Su estado de la tesorería habla

¿Lo escucha usted?

Igual que el velocímetro no le dice todo lo que tiene que saber sobre el estado de su vehículo, el estado de resultados tampoco le brinda toda la información importante sobre el estado de una empresa. ¿Sabía usted que un negocio puede tener beneficios y estar, aun así, dirigiéndose hacia la bancarrota? Es cierto. Si duda de lo que digo, solo tiene que preguntarle al personaje de George Bailey en la película de Frank Capra *¡Qué bello es vivir!*

Cada Navidad, los canales de televisión desempolvan este clásico y nunca envejece. George Bailey, interpretado por Jimmy Stewart, es el director de Bailey Building and Loan. El día de Nochebuena descubre, desolado, que, camino al banco, su tío Billy ha perdido los 8.000 dólares que tenía que ingresar. Esta cantidad era toda la tesorería de la empresa, que en aquellos años habría sido el equivalente a 80 millones de dólares. En un momento de ofuscación, Building and Loan está a punto de cerrar las puertas arruinando a casi todos los habitantes del pueblo.

George se desespera. Tras intentar infructuosamente ahogar sus penas en el bar del pueblo y encastrar su auto en un árbol, nuestro héroe se dirige dando tumbos al puente colgante en la noche fría. Antes de que consiga saltar para acabar con su vida, oye un chapoteo y un grito pidiendo ayuda, y se echa al agua para salvar a un hombre que se está ahogando. Mientras se secan, el hombre recién rescatado se presenta como Clarence, el ángel guardián de George, y le explica que saltó al río para impedir que George se suicidara.

—¡Es ridículo que piense en matarse por dinero! —le regaña Clarence—. 8.000 dólares.

—¿Cómo lo sabe? —pregunta George.

—Ya se lo he dicho, soy su ángel de la guarda —dice Clarence, acercando su rostro al de George—. Lo sé todo sobre usted… déjeme ayudarle.

—No tendrá 8.000 billetes por ahí —replica George sarcásticamente.

—Ah, no —se burla Clarence—. En el cielo no usamos dinero.

—Ah, claro. Se me olvidaba —replica George—. ¡Pues por aquí abajo el dinero siempre viene bien!

Sí, sin duda, por aquí abajo el dinero siempre viene bien. En este capítulo aprenderá por qué es tan importante disponer de dinero contante y sonante. También aprenderá a mantener un registro de su efectivo, algo que la mayoría de los pequeños empresarios no suelen hacer hasta que es demasiado tarde.

## POR QUÉ ES IMPORTANTE EL FLUJO DE TESORERÍA

Si alguna vez ha dado sangre, ya sabe lo que sucede. Le hacen recostar en una camilla, le insertan una aguja en la vena y le sacan sangre. ¿Pero se ha dado cuenta de que el sanitario nunca le saca *toda* la sangre? ¿Por qué? Porque si lo hiciera, usted moriría.

*El efectivo es a su empresa lo que la sangre a su cuerpo.* La definición de bancarrota es quedarse sin liquidez, no sin ingresos netos, ni beneficios, sino efectivo. La buena gestión del efectivo es indispensable para mantener viva una pequeña empresa. El efectivo es como el combustible de su auto, es lo que hace que su empresa siga funcionando. El efectivo sirve para pagar todos los gastos. Por ello, en el capítulo 1 hemos comparado el estado de la tesorería, que indica la cantidad de efectivo que tiene en el banco, con el indicador de combustible de su panel de instrumentos financieros.

Si no hay suficiente efectivo para que la empresa funcione, esta se detiene. Seca. Por consiguiente, es urgente aprender a leer el estado de la tesorería —el indicador del combustible— para poder cuantificar el efectivo que queda para gestionar el negocio. Al gestionar cuidadosamente la tesorería de su negocio, está protegiendo su futuro e impidiendo que este dependa de los prestamistas para mantener su solvencia.

## LOS INGRESOS NETOS Y EL EFECTIVO NO SON LO MISMO

El estado de resultados no le muestra el efectivo *disponible* para gestionar su empresa. Al contrario de lo que pueda pensar, los ingresos netos consignados en el estado de resultados rara vez son lo mismo que el saldo de su cuenta bancaria. Cuando el negocio registra una venta, es posible que los ingresos netos generados no se conviertan íntegramente en efectivo. Si usted vende helados, normalmente le pagan de inmediato. Este capítulo no se aplica a este tipo de negocios de efectivo. Pero si usted factura a sus clientes puede cometer el error de pensar que los ingresos netos y el efectivo son lo mismo y entran al mismo tiempo. Los pagos en efectivo de facturas pendientes pueden hacerse efectivos en algún momento futuro, pero no en el mes en que fueron anotados. O quizá no todos los ingresos netos se convertirán en efectivo por la aplicación de descuentos, o porque algunos clientes no pueden pagar. El hecho de que los ingresos netos no se conviertan en efectivo en el momento adecuado o no lleguen a serlo, podría crear una crisis de liquidez que amenaza la vida de la empresa.

### Por qué los ingresos netos y el efectivo pueden diferir

Esencialmente hay cuatro razones para las discrepancias entre los ingresos netos y el efectivo de la cuenta bancaria de la empresa. La primera (en varios escenarios) tiene que ver con los plazos de pago y el proceso de facturación:

- La empresa vende productos o servicios y los envía o presta a crédito. El cliente accede a pagar la factura en algún momento futuro. Aunque esta transacción se refleja en el apartado de ingresos netos del estado de resultados, el cliente está todavía pendiente de pago. Hasta que este dinero procedente de una venta no llega a la cuenta bancaria, la empresa no dispone de él. Y no aparece en el estado de la tesorería hasta que el cliente paga la factura y la empresa cobra el cheque.

- Puede que haya un lapso de más de 30 días entre la emisión de la factura y el pago efectivo a la empresa. Como en el caso citado, el valor de la factura se consignará en el estado de resultados como ingresos netos en un mes, pero el dinero no llegará a la empresa hasta la recepción del pago el mes siguiente.

- Los clientes no pagan porque la empresa no ha enviado todavía la factura. El cliente no tiene ni idea de lo que le debe a la empresa o lo ha «olvidado». (No estoy bromeando. Estas cosas suceden realmente).

Una segunda razón por la que los ingresos netos y los fondos reales no concuerdan tiene que ver con las políticas de descuentos.

- Hay muchas razones para aplicar descuentos. Por ejemplo, un cliente recibe una reducción por pronto pago que no se refleja en el asiento de los ingresos netos del estado de resultados, pero que se aplicará cuando se abone la factura. (De hecho, como hemos mencionado en el capítulo 1, los ingresos netos son las entradas por ventas menos los descuentos. Por ello se llaman «netos»). De modo que los ingresos netos indicarán 500 dólares, pero en la cuenta bancaria solo se ingresarán 450.

- Los clientes negocian descuentos con respecto al monto de la factura original si reciben artículos deteriorados o un servicio poco satisfactorio. Cuando sucede esto, los ingresos netos serán de nuevo superiores al pago final en efectivo.

Una tercera razón de esta diferencia no será una sorpresa para la mayoría de ustedes. Estoy hablando de la conducta del cliente. ¡Y de cuántas y variadas formas puede producirse!

- A veces los clientes pagan con cheques que son devueltos por falta de fondos.

- Otras veces se atrasan en el pago o lo llevan a cabo en pequeñas cantidades que se prolongan durante un largo periodo de tiempo, probablemente porque no tienen suficiente liquidez para pagar lo que deben. Lo que quieren es, en esencia, un préstamo sin intereses.

- En otros casos, los clientes pagan mediante un intermediario como PayPal o una tarjeta de crédito. Estos terceros siempre se llevan un porcentaje del total de la compra por la comodidad del pago. La empresa recibe casi, pero no todo, el monto de la factura original. Si un vendedor *online*, por ejemplo, cobra 100 dólares por un artículo, puede que solo reciba 94 si utiliza los servicios de PayPal o de una empresa de tarjetas de crédito (también llamados «intermediarios» o «agencias de pago»). El agente de pago se lleva la diferencia de 6 dólares como comisión o cuota de intercambio.

Puede que se pregunte por qué acepta una empresa el pago con tarjetas de crédito o PayPal si va a tener que pagarles una comisión. Hay tres razones esenciales: en primer lugar, el volumen de ventas será mayor porque a las personas les es más fácil gastar dinero cuando utilizan una tarjeta de crédito para pagar (como ya sospechaba); en segundo lugar, estos métodos dan efectivo al vendedor de inmediato (lo cual es muy útil para pagar facturas); y en tercer lugar, el vendedor no tiene que perseguir al comprador para que le pague, porque este riesgo se le ha transferido al banco que ha aprobado la venta.

- A veces un cliente puede hacer un pedido de bienes o servicios y, a continuación, solicitar la declaración de quiebra una vez ha recibido dichos bienes o los servicios han sido prestados (y la empresa ha absorbido los costes), pero antes de que se cumpla el plazo de pago. Esta es una situación desastrosa en la que se encontró uno de mis clientes, diseñador de joyas. Este recibió un pedido por valor de 25.000 dólares de un conocido joyero que gastó todo el dinero y se declaró en bancarrota. Mi cliente había pedido un préstamo para comprar el oro, la plata y las piedras para elaborar el pedido. Mandó sus creaciones con la mejor voluntad, esperando cobrar 30 días después del envío. Antes del mes el vendedor declaró la bancarrota. Este diseñador nunca recibió el pago de su trabajo ni consiguió que se le devolviera el contenido de su envío, porque el inventario se había incorporado al sumario de la bancarrota. Si ha adivinado que el diseñador hubo de absorber el coste de fabricación de aquel inventario (el COGS, del que hablamos en el capítulo 2) sin recibir jamás el pago de aquel pedido, está preparado para un curso avanzado de gestión de pequeñas empresas. Esto es exactamente lo que sucedió.

- Para colmo, si un cliente *paga* lo que debe a la empresa y luego se declara en bancarrota dentro de los 90 días siguientes al pago, apelando a las reglas de «pago preferencial», el síndico que supervisa los procedimientos puede solicitar la intervención judicial para devolver el pago en cuestión a los bienes del deudor. En pocas palabras, aunque una empresa haya cobrado el importe de una venta, el ingreso no será seguro hasta que hayan transcurrido los 90 días posteriores. No me lo estoy inventando. Un buen amigo que es asociado de un bufete de abogados especializado en crédito y cobros de Nueva York me abrió los ojos sobre esta brecha legal.

La cuarta y última razón por la que los ingresos mensuales netos consignados en el estado de resultados y la cantidad de efectivo disponible en su cuenta bancaria puedan sufrir variaciones tiene que ver con la forma en que se anota el coste de los equipos en el estado de resultados, es decir, el modo en que se maneja el coste de los activos amortizables.

- Su empresa compra una nueva computadora, pagando por adelantado todo su coste. El efectivo ha disminuido de inmediato el valor total de la compra, que se reflejará en el estado de la tesorería. Sin embargo, el estado de resultados solo reflejará o reconocerá *una parte* del total en forma de gastos de *amortización* cada año, hasta que se haya repartido todo el coste de la computadora a lo largo de su vida útil. ¿Por qué? Porque este aparato tendrá que reemplazarse a los pocos años. Hacienda requiere que las empresas amorticen el valor de esta computadora de forma anual y de acuerdo con su vida útil, identificando la depreciación en el estado de resultados como un gasto no efectivo.

Puesto que es importante que se familiarice con el concepto de depreciación, considerémoslo con un poco más de detalle. Espero que este tema nos resulte familiar porque hemos hablado al respecto en el capítulo 2. Este aspecto surgió en el contexto del estado de resultados y consideramos la depreciación como un gasto fijo o variable. Ahora estamos diciendo que la depreciación crea una discrepancia entre los ingresos netos y el efectivo disponible. En el ejemplo anterior, la depreciación anual reduce el valor de la computadora por su deterioro natural y obsolescencia. Por tanto, en el año de la compra, el gasto reflejado en el estado de resultados y el desembolso de efectivo por ese aparato será distinto. El estado de la tesorería del mes de la compra de la computadora refleja una reducción de efectivo por valor de todo su coste. Sin embargo, el resultado neto aparecerá superior de lo que sería si en el estado de resultados (que solo mostrará los gastos de depreciación de la computadora) se reflejara todo su coste. Sepa, pues, que esta es otra de las razones por las que el flujo de efectivo de la empresa reflejado en el estado de la tesorería podría ser superior a los gastos que se muestran en el estado de resultados.

Como puede ver, hay muchas situaciones que crean discrepancias entre los ingresos netos y el dinero contante y sonante que hay en las arcas de la empresa. Aunque los ingresos netos son muy importantes, lo que determina si su empresa podrá seguir adelante un día más es lo que dice el estado de la tesorería, que es cuánto efectivo hay en la cuenta bancaria de la empresa al final de la semana, mes, trimestre y año. (Por cierto, es muy, muy importante que consulte este documento al final de cada semana. No exagero). Si consigue mantener una tesorería positiva al final de cada periodo, la empresa podrá superar meses flojos, *incluso meses en los que el estado de resultados señale pérdidas*. Pero si no es así, su empresa no sobrevivirá.

## Lo que necesita saber sobre la contabilidad en valores de caja y la contabilidad en valores devengados

Debo decir que las discrepancias entre el estado de resultados y el estado de la tesorería de una empresa se ven también afectados por el hecho de estar usando una contabilidad en valores de caja o devengados para anotar cuándo y cómo se producen las ventas y los gastos.

La mayoría de las pequeñas empresas utilizan una **contabilidad en valores de caja** porque es más sencilla que la que se basa en valores devengados. La contabilidad en valores de caja consigna las entradas de efectivo por los pagos de clientes y las salidas para pagar facturas. Con este método, los ingresos netos de las ventas no se consignan en el estado de resultados hasta que se cobra la factura. De igual modo, tampoco se anotan los gastos en el estado de resultados hasta que se pagan las facturas. Este método hace que sea más fácil ver la tesorería de la empresa, y hace que el estado de resultados y el de la tesorería mantengan una relativa concordancia.

El problema de la contabilidad en valores de caja es que no ofrece una idea exacta del *tiempo* en que se generan los beneficios y el efectivo. En primer lugar, no refleja fielmente el ciclo de ventas, ya que no refleja el momento en que los clientes compran los productos o servicios, sino cuando los pagan, lo cual podría producirse varias semanas o meses después de la fecha de compra. Esto puede hacer que los meses en que los clientes hacen efectivas las facturas parezcan mucho más rentables de lo que son en realidad. En segundo lugar, la contabilidad en valores de caja impide que la empresa tenga nota de las próximas transacciones con sus consiguientes entradas y salidas de efectivo. No muestra, por ejemplo, el dinero que debería entrar por los futuros pagos de clientes («cuentas por cobrar»). No refleja tampoco el dinero que saldrá del negocio para pagar los gastos de las obligaciones que la empresa ya tiene («cuentas por pagar»). Hablaremos con más detalle de las cuentas por cobrar y pagar en el capítulo 7 cuando consideremos a fondo el balance general. De momento, basta con que sepa que la contabilidad en valores de caja no refleja las obligaciones de pagos *de* la empresa ni las transacciones con clientes que supondrán entradas. En pocas palabras, hasta el momento en que se producen los cobros o pagos, estos son invisibles. Sin embargo, estas futuras transacciones tendrán un profundo efecto en la cantidad de dinero disponible para gestionar la empresa. Si no son muy cuidadosos, la contabilidad en valores de caja puede tomar desprevenidos a los pequeños empresarios.

Por ejemplo, hace unos años asesoré a una empresa punto com de Nueva York. Cuando le pregunté a uno de los directivos cuántos meses podría funcionar la empresa con sus reservas de efectivo, él me dijo que 18 meses. Esto significaba que la empresa podría pagar todos los gastos durante 18 meses sin tener que ganar un solo dólar de ingresos netos. ¡Estaba impresionada! Para una empresa que está comenzando aquella era una situación de tesorería muy sólida. Después hablé con el contable y descubrí que la empresa había subcontratado a docenas de programadores que estaban trabajando muchas horas para ellos. Todavía no se les había pagado, y sus honorarios se estaban acumulando rápidamente. El contable me dijo que la empresa tenía, de hecho, más de 500.000 dólares en gastos impagados: una cifra astronómica para una empresa que no estaba generando ingresos netos, resultados positivos o dinero. Estaba claro que la empresa solo tenía dinero para funcionar y pagar gastos tres meses, no dieciocho.

Su sistema de contabilidad en valores de caja no mostraba a los directivos que, en esencia, el dinero para pagar a los programadores ya se había gastado aunque los cheques todavía no se hubieran extendido. Si la empresa hubiera utilizado una *contabilidad basada en valores devengados*, este creciente aneurisma de gastos se habría reflejado en la sección de cuentas por pagar del balance general (cubriremos el balance general en el capítulo 7) y el dinero se habría consignado en su lugar correspondiente.

La **contabilidad en valores devengados** anota las ventas y gastos en el momento en que estos se producen, independientemente de cuándo se hagan efectivos. Los ingresos netos se registran cuando los artículos salen por la puerta o se envían las facturas, no cuando se recibe el pago. Asimismo, los gastos se registran cuando vencen las facturas de los proveedores o subcontratistas, no cuando los paga la empresa. Esta forma de contabilidad refleja con más exactitud el momento de las compras y pagos de los clientes y las fechas en que vencen los gastos. La contabilidad en valores devengados resuelve las discrepancias entre el momento en que se consignan los ingresos y gastos de una empresa y el tiempo en que esta dispone del dinero para su gestión. Por ello, con la contabilidad en valores devengados, el estado de resultados y el estado de la tesorería no están tan cerca como en la de valores de caja. Esta forma de contabilidad es una aproximación más conservadora al mantenimiento de los libros. Con este método no hay desagradables sorpresas.

La contabilidad en valores devengados proporciona una perspectiva mucho más clara y exhaustiva de la verdadera situación de la tesorería de una empresa. (Su contable lo sabrá todo al respecto. Pregúntele cuál de estos métodos utiliza). Por ello, recomiendo que todas las empresas, especialmente aquellas que generan más de 100.000 dólares en ingresos netos al año, utilicen siempre que sea posible la contabilidad en valores devengados y no la que se basa en valores de caja. Si la empresa que usted gestiona produce 5 millones de dólares o más en ingresos netos, puede que la ley le obligue a utilizar la contabilidad en valores devengados. Pídale a su contable que le ponga al corriente sobre este asunto y cualquier otra estipulación legal. Al menos ahora, cuando oiga estos términos y expresiones, no serán un misterio para usted.

## CÓMO FUNCIONA EL ESTADO DE LA TESORERÍA

A estas alturas usted sabe que no puede minimizar la importancia de la liquidez. Debe gestionar correctamente la tesorería, lo cual es, realmente, muy sencillo. Como un indicador de combustible, el estado de la tesorería le dirá exactamente cuántos kilómetros puede recorrer la empresa antes de llenar de nuevo el tanque. El estado de la tesorería de la empresa solo refleja los cambios cuando el *dinero* cambia de manos: sean pagos que se recaudan o gastos que se pagan.

El estado de la tesorería se parece mucho a la cuenta de cheques de la empresa. La empresa comienza con un fondo inicial que llamamos **saldo de caja inicial**. Después, el dinero entra en el negocio por varias fuentes. Hablamos de **entradas de efectivo** (o «efectivo recibido»). Y la empresa utiliza este dinero para pagar los gastos. Es decir, **salidas de efectivo** (o «gastos en efectivo»). Cuando se consignan estas entradas y salidas de efectivo, añadiéndolas y deduciéndolas del saldo de caja inicial, la empresa obtiene el **saldo final de efectivo**. Todo esto es bastante intuitivo. A continuación, presento un sencillo ejemplo por meses del estado de la tesorería de un negocio ficticio de fotografía, One-Woman Photos:

|  | Enero | Febrero | Marzo |
| --- | --- | --- | --- |
| Saldo de caja inicial | $ 10.000 | $ 6.000 | $ 5.000 |
| Entradas de efectivo | 3.000 dólares | 4.000 dólares | 10.000 dólares |
| Salidas de efectivo |  |  |  |
| Gastos de alquiler | (5.000 dólares) | (5.000 dólares) | (5.000 dólares) |
| Gastos de seguros | (2.000 dólares) | 000 | 000 |
| Saldo final de caja | 6.000 dólares | 5.000 dólares | 10.000 dólares |

### Efectivo recibido

Comencemos con el mes de enero e interpretemos lo que sucedió. Este estado de la tesorería nos dice que One-Woman Photos comenzó el año con 10.000 dólares en la cuenta de la empresa. La siguiente línea nos dice que entraron en el negocio algunos pagos en efectivo: 3.000 dólares para ser exactos. Muy probablemente fueran pagos de facturas que se mandaron en noviembre o diciembre. La propietaria del negocio y fotógrafa —la llamaremos «Darla»— pudo cobrar los cheques e ingresar el efectivo en su cuenta corriente. Una experiencia estimulante: ¡entradas de efectivo!

El dinero puede entrar en un negocio por una serie de razones, muy probablemente las siguientes:

1.  Los clientes pagan sus facturas. ¡Yupi!

2.  El negocio recibe un reembolso o reintegro de algún tipo. Esto es bueno, pero, por regla general, son entradas aisladas que posiblemente no representan una fuente significativa y previsible de efectivo para el futuro.

3.  La empresa invirtió algo de dinero sobrante y esta inversión generó cierto interés que se ingresó en la cuenta de la empresa. Cuando los índices de interés que ofrecen los bancos para las cuentas de ahorro son bajos, la rentabilidad de estos ahorros es insignificante. Cuando, por el contrario, estos índices son elevados, como a comienzos de la década de 1980, los dividendos de tales ahorros pueden ser significativos.

Como puede ver, estos dos primeros elementos del estado de la tesorería son bastante fáciles de entender. Ahora conoce el saldo de caja inicial y el dinero que entró en enero.

## Gastos

El siguiente elemento del estado de la tesorería representa el dinero que sale de la empresa para pagar gastos o salidas de efectivo. La tienda de fotografía tiene un gasto fijo mensual de 5.000 dólares de alquiler. Tiene también un gasto de seguro de 2.000 dólares que vence en enero. Es también un gasto fijo, pero a diferencia del alquiler, no se paga cada mes sino una vez al año. Tome nota de que no todos los gastos se pagan cada mes. El seguro del auto, por ejemplo, se paga por regla general semestralmente (dos veces al año). El seguro de responsabilidad civil (protege a las personas de accidentes que puedan producirse dentro de las instalaciones) se paga normalmente una vez al año. Afortunadamente, la mayoría de estos gastos menos frecuentes son fijos y previsibles. Puesto que los gastos fijos como el alquiler son estables mes tras mes, sabe que verá los mismos números reflejados en el estado de la tesorería. Los gastos variables indirectos, como sabe, tienden a variar (de ahí el nombre; ¡son inteligentes estos contables!) según el volumen de ingresos netos que genera la empresa. Los gastos de *marketing* pertenecen a esta categoría, como los relacionados con la página web y los salarios de los empleados. Estos costes operativos variables son un poco más difíciles de predecir, pero algunos de ellos pueden controlarse. Por ejemplo, un pequeño empresario puede decidir contratar o no empleados, o invertir o no en una campaña de *marketing online*.

## Saldo final de efectivo

El estado de la tesorería recoge los gastos que paga la empresa el mes en que se escriben los cheques, es decir, cuando se efectúa el pago. Después de deducir los gastos pagados o salidas de efectivo del saldo de caja inicial y añadir los pagos recibidos como entradas de efectivo, la última línea del estado de la tesorería muestra el saldo final de efectivo por mes. En el caso de Darla, el estado de la tesorería de enero comenzó con 10.000 dólares; recibió 3.000 dólares en pagos y pagó gastos por valor de 7.000 dólares, dejándola con un saldo efectivo de 6.000 dólares a final de mes.

Observe que el saldo final de efectivo de enero se convierte en el saldo de caja inicial de febrero. Tiene lógica, ¿no? Febrero comenzó con 6.000 dólares. La empresa recaudó 4.000 dólares en efectivo, pagó 5.000 en gastos o salidas de efectivo y mostró un balance de 5.000 dólares al final de febrero.

¿Qué habría sucedido si Darla no hubiera recibido pagos en efectivo durante el mes de febrero?

| Flujo de tesorería de febrero | |
| --- | --- |
| Saldo de caja inicial | 6.000 dólares |
| Entradas de efectivo | 000 dólares |
| Salidas de efectivo | 5.000 dólares |
| Saldo final de efectivo | 1.000 dólares |

El saldo de caja inicial de marzo habría sido de 1.000 dólares, no de 5.000. Imaginemos que la empresa hubiera comenzado marzo con solo 1.000 dólares y no hubiera tenido ninguna entrada

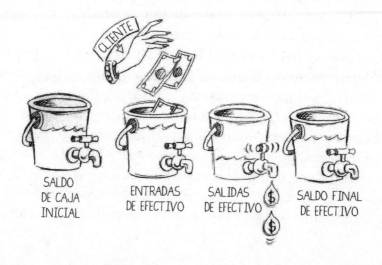

SALDO DE CAJA INICIAL · ENTRADAS DE EFECTIVO · SALIDAS DE EFECTIVO · SALDO FINAL DE EFECTIVO

de efectivo, con 5.000 dólares de gastos. Es un ejemplo perfecto de una *crisis de liquidez*. Para cubrir gastos y tras solo dos meses sin entradas de efectivo, la empresa tendría que pedir un préstamo o cerrar. Ahora sabe por qué la mayoría de pequeños empresarios padecen insomnio.

## LA FORMA FÁCIL DE PRESUPUESTAR EL EFECTIVO

En este punto es donde el estado de la tesorería se convierte en una herramienta de gestión empresarial increíblemente valiosa. Ahora que entiende lo que dice el estado de la tesorería, puede tomar esta información y comenzar a predecir el flujo de efectivo, tanto de entrada como de salida. En lugar de conducir a ciegas, sin saber de cuánto dinero dispone al final de cada mes para gestionar el negocio, puede anticipar de forma trimestral y anual las necesidades de efectivo y administrarlas antes de sufrir una crisis de liquidez. El santo grial de la gestión del flujo de tesorería es prever correctamente cuándo vendrán las estrecheces y crear un presupuesto que cubra las necesidades de efectivo del negocio en tales periodos.

No se asuste: realizar un presupuesto de caja no es difícil. Pida simplemente a su contable que al final de cada año le imprima el estado de resultados y el estado de la tesorería. Utilice entonces estos documentos como criterio para predecir el flujo de tesorería del año que comienza. Puede crear una hoja de cálculo en la computadora o hacerlo a mano. En una tabla ponga los 12 meses del año en la parte superior y escriba «Entradas de efectivo» y «Salidas de efectivo» por debajo en la columna de la izquierda.

Comience enumerando sus gastos, las fechas de vencimiento y su monto probable, basándose en los números del año anterior. Es bastante fácil predecir los gastos de alquiler, costes web, salarios y electricidad (gastos fijos mensuales). Suponiendo que no tenga auditorías o litigios de carácter excepcional, posiblemente será también fácil prever los gastos legales y de contabilidad. Anote los gastos no mensuales, como los gastos de seguros, en los meses en que piensa que deben pagarse.

Calcule, a continuación, los gastos variables que usted sabe que llegarán. Algunos gastos variables típicos serían los de teléfono, contratación de profesionales independientes, viajes y entretenimiento, suministros, reparaciones de equipo, *marketing* y asistencia web (incluso la fiesta navideña del personal). Ponga atención en cubrir todas las categorías necesarias para la gestión de la empresa, de cabo a rabo. Para calcular correctamente estos gastos, observe los gastos del año anterior en tales categorías y considere si en el año entrante serán más o menos elevados. Sea conservador. Si cree que hay razones para que sean más elevados (esto es fácil; ¡lo serán!) o que tendrá algunos gastos más (¡es muy probable que así sea!), redondee su estimación al alza.

A continuación viene la parte divertida: proyectar el dinero que entrará en la empresa. Esto es un poco más difícil, porque depende de la eficiencia de sus esfuerzos de ventas, de cuándo pagan los clientes, de cómo lo hacen (se acogen a descuentos; lo hacen a través de proveedores de servicios de pago) y, naturalmente, de si pagan. Ahí van dos reglas básicas para prever las entradas de efectivo:

1. Calcule al menos un retraso de 30 días entre el momento en que las ventas se consignan como ingresos netos en el estado de resultados y el momento en que se convierten en entradas de efectivo en el estado de la tesorería.

2. Asuma que solo el 90 % de los ingresos consignados en el estado de resultados se convertirán en entradas de efectivo, sea porque algunos intermediarios se llevarán su parte o por otras razones que ya hemos mencionado.

El estado de resultados puede ayudarle a obtener una valoración aproximada de cuáles pueden ser cada mes los ingresos netos del próximo ejercicio. A partir de esta información podrá prever que aproximadamente un 90 % de estos ingresos netos se convertirán, un mes más tarde, en entradas de efectivo en el flujo de tesorería. Escriba estas predicciones en su presupuesto de caja.

Por ejemplo, en marzo, One-Woman Photos suele realizar fotografías para anuarios comerciales. Darla factura cuando los clientes remiten su aprobación en abril, y estos pagan en mayo o junio. Los ingresos de estas ventas se reflejan en el estado de resultados de abril, cuando se envían las facturas, pero Darla consigna las entradas de efectivo en mayo o junio cuando recibe y cobra los cheques de sus clientes. Si quiere predecir cuándo recibirá el dinero de su atareado periodo de fotos para anuarios, Darla tiene que contar con este periodo de retraso. Si desea calcular razonablemente cuáles pueden ser sus ingresos del próximo mes de abril, puede anotar el 90 % de este número como entradas de efectivo en su presupuesto de caja de mayo o junio.

Una vez que haya previsto los gastos (salidas de efectivo) y los pagos recibidos (entradas de efectivo) de la empresa, podrá identificar los momentos en que el saldo final de efectivo será peligrosamente bajo. Estos son los meses «de vacas flacas».

Por ejemplo, hemos visto que varias primas de seguros de One-Woman Photos (responsabilidad civil, salud, robo, etc.) vencen en enero, y representan una suma bastante cuantiosa. En el negocio de la fotografía, no suele haber grandes ingresos netos por ventas en enero porque los clientes están digiriendo los gastos navideños y no piensan precisamente en comprar. Por otra parte, en este mes se destina mucho dinero al pago de las primas de seguros. Darla sabe que posiblemente no recuperará estas sumas con las entradas de efectivo de los próximos dos meses. Al considerar esta situación, Darla debe ser juiciosa y prever el pago de estos gastos, controlando de cerca el dinero hasta que sus entradas de efectivo se recuperen de nuevo durante la primavera y el verano, que es lo que suele suceder. Por ejemplo, Darla podría negociar un retraso en el pago de otros gastos o dividirlos en sumas mensuales más reducidas para conservar un poco más las entradas de efectivo durante este trimestre de vacas flacas. Darla tiene que disciplinarse también en la contención del gasto y no comprar ese fondo fotográfico de oferta durante el primer trimestre del año, aunque sea tentador aprovechar las rebajas. Si el saldo final de efectivo de diciembre indica que tiene suficiente dinero para pagarlo sin poner en peligro la liquidez de la empresa, ¡adelante entonces!

Como ya he dicho antes, toda empresa tiene meses flojos. Los clientes suelen comprar en determinadas épocas. En la mayoría de los negocios hay periodos de venta frenéticos y otros mucho más contenidos. El tiempo de invertir en la empresa es durante los intensos periodos de venta, cuando los ingresos netos son fuertes. Son las épocas en que se producen más ventas y luego, uno o dos meses más tarde, más entradas de efectivo.

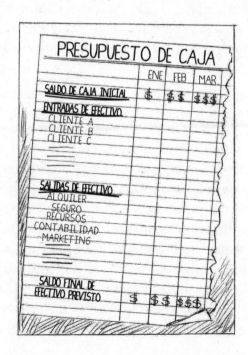

Durante los periodos de contención, es sabio mantener un férreo control de los gastos, no solo en cuanto a las sumas, sino también al momento de hacerlos efectivos. No pague nada que no sea absolutamente necesario hasta que las entradas de efectivo por los pagos de clientes comiencen a recuperarse. Esto reducirá la cantidad de capital prestado (con sus correspondientes intereses) que necesita para el funcionamiento del negocio. También ayudará a escoger el mejor momento para cobrar y efectuar pagos y a evitar una bancarrota por gastos imprevistos (¡aparecen unas goteras que hay que reparar!) o inesperadas reducciones de ingresos por clientes que han caído en tiempos difíciles.

## TRAMPAS A EVITAR EN EL CONSUMO DE EFECTIVO

Quiero presentar a continuación algunas formas frecuentes en que las pequeñas empresas despilfarran su liquidez y pisan a fondo el acelerador hacia la bancarrota. Aunque solo voy a mencionar unas cuantas, podría escribir libros enteros solo sobre este asunto.

### Evite contratar consultores sin establecer previamente ciertos criterios de éxito

Dana, la desarrolladora de un sorprendente *software* comercial, cometió este error. Su negocio debería estar generando 20 millones de dólares en ingresos netos al año. Dana debería estar trabajando con las empresas más rentables de todo el mundo y, en cambio, tiene dificultades para cubrir los gastos básicos de la oficina. Nuestra desarrolladora contrató a una agencia de relaciones públicas que, supuestamente, iba a apoyar sus esfuerzos comerciales y generaría ingresos. Durante un periodo de tres años, la agencia le dijo varias veces que «solo necesitaba algunos meses más» para terminar el trabajo. A 1.000 dólares al mes, es fácil calcular cuánto dinero invirtió en esta farsa. La verdad es que se requiere tiempo para ver el fruto de los esfuerzos en relaciones públicas, pero una campaña bien planeada debería comenzar a mostrar resultados en un espacio de tres a seis meses.

¡Incluya en el acuerdo la responsabilidad de rendir cuentas! Establezca de antemano cómo se medirá la efectividad de sus esfuerzos y en qué periodo de tiempo. Un criterio de éxito podría ser cuántas personas llegan a conocer sus productos o los prueban como resultado de la campaña de relaciones públicas. Otro criterio podría ser el incremento de los ingresos netos. Si después de un razonable periodo de tiempo no se alcanzan estos objetivos, despida a la firma de relaciones públicas.

### No contrate un representante de ventas sin establecer su responsabilidad de rendir cuentas

John, un arquitecto, contrató a un vendedor muy elocuente que consiguió negociar un salario fijo anual de 150.000 dólares más beneficios antes de generar un solo céntimo de ingresos. Después de cuatro años, el vendedor aún no había cubierto la mitad de su salario y beneficios. (Recuerde que el coste de contratar a un empleado a tiempo completo es aproximadamente el doble de su salario). De modo que, para John, el coste total del salario y beneficios del vendedor es, como mínimo, de unos 250.000 dólares al año. Multiplique esta enorme suma por cuatro años y tenemos un total de gasto para la empresa de 1 millón de dólares. En mi tierra esto es mucho dinero.

Si decide contratar a un vendedor de plena dedicación o a una empresa de ventas, deje claro cómo evaluará su efectividad y en qué marco temporal. No tenga miedo de preguntar cuándo comenzarán a verse estos resultados. Y supedite al menos una parte de la compensación al cumplimiento de estos resultados. Debería incentivarse a todo el mundo a la realización de un gran trabajo.

### Evite la contratación fuera del país

Muchas pequeñas empresas contratan recursos al otro lado del mundo porque el precio de las horas es mucho menor que en los Estados Unidos. Pero cuando contrata un recurso fuera del país, está poniendo el negocio en manos de personas que están en otra zona horaria, fuera de su supervisión directa, que hablan un idioma distinto, tienen distintos valores culturales y que pueden estar o no capacitadas para hacer el trabajo en cuestión. Mi experiencia es que, aunque el precio de las horas es bajo, estos trabajadores pueden tardar el doble en terminar la tarea encomendada. El resultado es que gastará más dinero del que esperaba y también perderá preciosas horas de sueño REM, gracias a estas llamadas a las tres de la madrugada.

Piénselo dos veces, y luego una tercera, antes de tomar este camino. Con todo respeto por Tim Ferris —famoso escritor y empresario, y gran defensor de esta práctica—, nunca me he sentido satisfecha con los resultados. En una ocasión seguí su consejo y 1.500 dólares y un mes más tarde me arrepentí de haberlo hecho. Y sí, considero sagradas las horas de sueño.

### Evite la construcción de una página web demasiado sofisticada para que usted mismo pueda gestionarla

Las opciones de *software* están cambiando cada día y es muy difícil saber cuál es la mejor para la empresa que usted dirige. A los aficionados a la tecnología les encanta utilizar el *software* más moderno y fenomenal. Puede que el *software* sea fenomenal, pero a menudo no se ha probado suficientemente. Mi experiencia con este tipo de *software* es que el riesgo de colapso de la página web aumenta si se suben archivos de video, audio o por otras mil razones. Cuando aparecen los problemas técnicos —y siempre aparecen— tendrá que contratar programadores de *software* muy caros para que desarrollen un código personalizado a fin de integrar este *software* a la aplicación del móvil o a la página web y formar a su *webmaster* para que lo actualice. A 150 dólares la hora, verá volar miles de dólares en un abrir y cerrar de ojos. Este proceso tiene un riesgo más: que invierta demasiado tiempo gestionando el proyecto web en perjuicio de actividades más productivas como llamar por teléfono a los clientes.

### Evite centrarse en la «solución milagrosa» de la publicidad *online* y las redes sociales

La publicidad *online* y los programas de comunicación social pueden ser muy seductores, pero pueden también aumentar rápidamente los gastos y producir importantes dispendios de tiempo si no se manejan de manera efectiva. Los consultores de *marketing online* que desarrollan y gestionan sus campañas *online* también representan un riesgo, como asimismo lo supone la contratación de un experto en posicionamiento en buscadores (SEO por sus siglas en inglés). Estos técnicos cobran mucho dinero, independientemente de si mejoran o no las estadísticas de la página web o aumentan los ingresos netos. Con estos asuntos sus gastos operativos experimentarán una tremenda subida.

No puede eludir el uso de Internet y los medios de comunicación social, pero sí debe tener un claro criterio para medir el éxito con estos programas y saber cuándo suspender su utilización si no aportan un verdadero valor al negocio.

Naturalmente, hay otras vías por las que el dinero se pierde y espero que evite la mayoría de ellas.

No me malinterprete: no estoy diciendo que nunca contrate un consultor, servicios fuera del país o innovadores diseñadores de webs. Lo que le digo es que *trate el efectivo que invierte en estas personas como algo vital*. Para que la empresa pueda sobrevivir, estas inversiones deben revertir en entradas de efectivo de cierta cuantía y a un ritmo puntual. En una recesión cada céntimo es importante, y por ello hay que evitar el riesgo de inversiones improductivas. Establezca claros valores de referencia para el rendimiento y asegúrese de que sus contratos salariales no le obligan a seguir pagando a empleados con baja productividad. Mantenga una página web sencilla y fácil de gestionar. Pruebe el mercado con contenido primero, y espere a que los visitantes alcancen grandes cifras antes de hacer una gran inversión de efectivo para construir la superweb. No todo lo que intente saldrá bien, pero le toca a usted como pequeño empresario controlar los daños y proteger la vida de su negocio. Como me dijo un empresario muy famoso, los mejores directores de pequeñas empresas no son aquellos que nunca cometen errores, sino los que saben cambiar de rumbo *a tiempo*. ¡Sea uno de ellos!

## INSTRUMENTOS CLAVE

▶ Los beneficios no garantizan que una empresa no pueda caer en bancarrota. Lo que sí lo garantiza es que esta tenga entradas de efectivo estables y superiores a las salidas.

▶ Los ingresos netos anotados en un mes rara vez se convierten en efectivo ese mismo mes.

▶ Los ingresos netos y los beneficios netos se miden en el estado de resultados. El flujo de efectivo se mide en el estado de la tesorería.

▶ El estado de resultados y el estado de la tesorería pueden presentar números muy distintos en cuanto al efectivo disponible, dependiendo de cuándo compran los clientes, cuándo y cómo efectúan sus pagos y cuándo realiza la empresa los *suyos*.

▶ La contabilidad en valores devengados (no la que se basa en valores de caja) es la que da a las pequeñas empresas una idea más completa y rigurosa de la situación de efectivo del negocio. Este método de contabilidad consigna tanto las cuentas por cobrar como las pagaderas que se producirán en el futuro.

▶ El estado de la tesorería es como el registro de cheques de una cuenta bancaria personal. Consigna el saldo de caja inicial, las entradas de efectivo (pagos de clientes), las salidas de efectivo (gastos pagados) y el saldo final de efectivo.

▶ El saldo final de efectivo de un mes se convierte en el saldo de caja inicial del siguiente.

▶ Es importante mirar el estado de la tesorería cada semana y al final de cada mes, junto con el estado mensual de resultados.

▶ Presupuestar de antemano puede ayudar a prever durante todo el año qué meses tendrán un saldo final de efectivo elevado y cuáles lo tendrán bajo. Esto le ayudará a hacer correcciones de rumbo evitando que una crisis de liquidez pueda amenazar la viabilidad de la empresa.

▶ Calcule un retraso de 30 días desde el momento en que un cliente hace su compra hasta que la empresa recibe el pago.

▶ Cuente con que el 10 % de los ingresos netos pendientes no se convertirán en efectivo, sea por el método de pago utilizado o porque el cliente tiene una crisis de liquidez. Es una muy buena noticia, y muy poco frecuente, que la empresa pueda convertir todos los ingresos netos en entradas de efectivo.

▶ Ejercer un estrecho control sobre todos los gastos le permitirá conservar siempre la liquidez. Esta conservación de la liquidez es la clave para prosperar en cualquier economía. Ahora sabe por qué.

# Gestionar el flujo de tesorería

## Más es mejor

Ahora sabe, pues, leer el estado de la tesorería y utilizarlo para elaborar un presupuesto de caja. Le supongo convencido de que conservar la liquidez es vital para mantener vivo su negocio, y de la necesidad de gestionar con cuidado el flujo de efectivo para que cada gasto sirva para mantener el funcionamiento de la empresa más que para agotar sus recursos esenciales.

La esencia de la gestión del flujo de tesorería es el ciclo del efectivo. En la mayoría de negocios, el ciclo del efectivo se basa en las **condiciones de pago** (que indican su fecha límite y las condiciones para la aplicación de descuentos) y no en una mera venta en efectivo:

1. Se lleva a cabo una venta.

2. Se envían los artículos o se prestan los servicios.

3. Tan pronto como la empresa ha entregado sus productos o prestado sus servicios, se emite una factura que detalla claramente las condiciones de pago.

4. Una vez pagada la factura, se deposita el dinero en la cuenta de la empresa.

5. Ahora pueden pagarse los costes operativos.

Aunque en un mundo perfecto este ciclo funcionaría sin interrupciones, en la vida real pueden surgir problemas en cada paso. Por ello, hay que supervisar *todo el proceso*. Muchas personas que dirigen pequeñas empresas piensan erróneamente que la única forma de mejorar el flujo de tesorería es incidir en el primer paso de este ciclo: vender más. Pero como hemos visto en el último capítulo, anotar más ingresos por ventas en el estado de resultados no significa automáticamente tener más entradas de efectivo en la cuenta corriente. Hay mil factores que influyen en cómo, cuándo y si estos ingresos se convierten en efectivo, y todos estos factores entran en juego *después* de este primer paso. El ciclo del efectivo recibe el impacto directo de toda una serie de disciplinas de gestión como las concesiones de crédito, la política de facturación y pago, el trato con los clientes y la negociación con proveedores, bancos y personal. Si estas cosas se gestionan correctamente, las empresas pueden conseguir un flujo de tesorería óptimo de las operaciones existentes. Un flujo de tesorería sostenible a partir de las operaciones reduce la presión para aumentar las ventas o buscar crédito de fuentes externas. Sin embargo, cuando el ciclo del efectivo se gestiona mal o se ignora, como sucede muchas veces, las empresas sufrirán con toda seguridad un déficit de efectivo.

En este capítulo aprenderá algunas estrategias fáciles de aplicar para racionalizar la gestión del flujo de tesorería y maximizar la cantidad de efectivo para gastos de funcionamiento que genera su empresa.

## GESTIONAR LA ENTRADA DE EFECTIVO

Como hemos visto en el capítulo anterior, la fuente principal de entradas de efectivo de una empresa es el pago de facturas por parte de clientes. Vimos también que la mayoría de causas para la discrepancia entre ingresos y efectivo tienen que ver con la forma y el momento en que los clientes pagan sus facturas y con el hecho mismo de que lo hagan. No cabe duda de que la conversión de ingresos en efectivo y la mejora del flujo de tesorería tienen mucho que ver con conseguir que los clientes le paguen y, especialmente, con conseguir que lo hagan *a tiempo*.

¿Sabía usted que si una empresa no cobra sus productos o servicios dentro de los 30 días siguientes a su entrega, las posibilidades de ver este dinero se reducen de forma muy significativa? Si estas mismas facturas siguen impagadas después de 60 días, la probabilidad de cobro cae en picado. Las facturas antiguas (impagadas) pueden amenazar la vida de la empresa, puesto que esta está mandando productos o prestando servicios sin la correspondiente entrada de dinero. (Y sí, «antiguas» significa exactamente lo que piensa: estas facturas se están haciendo viejas).

Lamentablemente, muchas pequeñas empresas acaban en cuidados intensivos porque quienes las dirigen son víctimas de los siguientes mitos sobre el cobro:

**Mito:** *Si una empresa realiza brillantemente el proceso de pedido y entrega del producto, el cliente pagará automáticamente la compra realizada.*

**Verdad:** Si la empresa que usted dirige no tiene una política de pagos que define los términos de cada venta, y si esta política no se comunica claramente al cliente, no importa entonces lo brillante que haya sido el proceso de pedido y entrega del producto. A pesar de la excelencia en el proceso de pedido y entrega puede encontrarse con un fajo de facturas impagadas en sus manos.

*Mito: Si una empresa le entrega al cliente el producto final, este ya sabe lo que debe y pagará prontamente su compra.*

**Verdad:** Solo las facturas ponen en marcha el ciclo de pago. El cliente no tiene obligación de pagar hasta que recibe la factura. Si esta factura no contiene una información completa y rigurosa, y no se envía puntualmente al cliente, no hay entonces ninguna garantía de que el cliente pague la cantidad estipulada dentro del plazo establecido. Si la factura se manda días, semanas o meses tras la conclusión del proyecto, ¿adivina entonces cuándo recibirá el pago? Días, semanas o meses después de lo que debería.

La mayoría de las pequeñas empresas no tienen una clara política de pagos (o cobros), y muchas de las que sí la tienen batallan para comunicarla de forma efectiva al personal, proveedores y clientes. Por otra parte, muchas pequeñas empresas, especialmente de servicios, no facturan el mismo día en que terminan el trabajo para el cliente. Esto equivale a una especie de *harakiri* para el flujo de efectivo. Los clientes no van a preocuparse por la salud del flujo de tesorería de su empresa. Esta es su tarea.

## Practicando la diligencia debida

Puede que una de las formas más evidentes de proteger el flujo de efectivo sea evitar los negocios, siempre que sea posible, con clientes potencialmente morosos. Los bancos siguen protocolos de este tipo como una forma básica de gestionar riesgos. Las entidades bancarias consultan el historial crediticio de las empresas para determinar si tienen una buena reputación por cumplir sus obligaciones de pago. Cuando una empresa presenta los plazos de pago de un pedido, se está convirtiendo en un banco y ofreciéndole al cliente un préstamo sin intereses. La empresa ha de pagar el coste de los artículos vendidos y todos los costes operativos hasta que el cliente abona la cuenta. Si un nuevo cliente le pregunta las condiciones de pago, realice la diligencia debida por adelantado. Aunque se trate de una empresa conocida, consulte a sus otros proveedores para asegurarse de que este posible cliente es buen pagador. Si el cliente es una empresa privada, pida tres referencias a las que pueda llamar para asegurarse de que son fiables. Y luego llámeles. ¿Lleva tiempo hacerlo? Sin duda. Recuperarse de facturas impagadas también lleva su tiempo. Siempre merece la pena prevenir los riesgos por adelantado.

Cuando tenía Bedazzled, Inc., vendíamos a cientos de *boutiques*, la mayor parte de las cuales eran propiedad de particulares que trabajaban bajo un nombre colectivo. Al principio, una *boutique* de Florida nos compraba las camisetas contra reembolso. Durante seis meses, les mandamos cuatro pedidos, cada vez más voluminosos. Con los tres primeros tenían el cheque preparado a la llegada del envío. Entonces, una vez establecida su credibilidad, nos pidieron pagar el cuarto pedido a 30 días. ¿Adivina lo que pasó? La boutique de Florida *nunca* nos pagó el cuarto envío, el más voluminoso.

Veinte años más tarde, todavía me hierve la sangre cuando pienso en aquel episodio por una razón. Lo que pasó fue culpa mía. Tras lo sucedido, llamé a otros tres proveedores con los que aquel tipo había hecho negocios para ver si solo nos había robado a nosotros. Todos me dijeron que a ellos tampoco les había pagado. ¡La ironía es que había sido precisamente el propietario de la *boutique* quien me había dado aquellos teléfonos para que verificara su honradez! Estaba convencido de que no les llamaría, y acertó. Aprendí una cara lección que nunca olvidaré. Si hubiera hecho aquellas llamadas, le habría ahorrado a la empresa miles de dólares en dinero perdido. Pensé que no tenía tiempo para aquellas comprobaciones. No cometa el mismo error.

Quiero mencionar otra dura lección que aprendí en carne propia: no se entusiasme cuando un potencial cliente abandona a sus competidores para comprarle a usted. Entérese de por qué dejó la otra empresa. Algunos clientes dejan a sus proveedores porque tienen el mal hábito de no pagar lo que deben, y están siempre en busca de un nuevo proveedor que les dé, por decirlo así, un préstamo gratis que no piensan devolver.

## Estableciendo una política de pagos

Todas las empresas necesitan una política de pagos bien establecida que defina las condiciones de cada venta. Los clientes tienen que saber exactamente cuándo y cómo espera usted que realicen el pago de los servicios prestados o productos entregados. La clara comunicación de estas necesidades y expectativas es esencial para prevenir riesgos con respecto al flujo de efectivo.

Ahí van algunas directrices para desarrollar y comunicar una política de pagos eficiente:

- *Conozca la política de pagos de su sector.* Cada industria tiene sus prácticas normalizadas en cuanto a políticas de pago y, generalmente, las cámaras de comercio le darán esta información. ¿Se paga normalmente a 30 días en su ramo? ¿Suele ofrecerse a los clientes un descuento por pronto pago? Los valores de referencia son distintos en cada sector y es su responsabilidad conocerlos para alinear su política con dichas expectativas.

- *Desarrolle una política de pagos que se ajuste a variables como el volumen de los pedidos o proyectos y distintos tipos de clientes.* Su contable puede ayudarle a diseñar una política de pagos personalizada para que no solo esté de acuerdo con las normas de su sector, sino que también se ajuste al tipo de ventas y clientela de la empresa. Puede que las condiciones de pago deban ser distintas para los grandes clientes, aquellos que compran con frecuencia o los que han mostrado su lealtad después de un prolongado periodo. Puede también establecer condiciones distintas para los grandes pedidos.

- *Desarrolle una política de pagos que requiera un depósito inicial y plazos específicos en el caso de proyectos en varias fases o repartidos a lo largo de varios meses.* Si su empresa está dedicando tiempo y recursos a preparar un nuevo proyecto, el cliente debería mostrar su buena fe y seriedad pagando una cantidad por adelantado. Tras este depósito inicial, y a medida que el proyecto alcanza las determinadas etapas especificadas en el contrato, deberían mandarse las facturas correspondientes para que haya una sincronización entre los constantes gastos de ejecución y entrega y los pagos de efectivo. Esto reduce los riesgos de pago y el coste de oportunidad. Si el cliente decide retirar el proyecto, lo cual puede suceder con el cambio de circunstancias o responsables, la empresa habrá recibido al menos una cierta compensación por el trabajo terminado hasta aquel momento.

Les cuento un caso verdadero que ejemplifica este asunto, con doloroso realismo. Una diseñadora conocida mía pasó seis meses trabajando en una página web. Invirtió cientos de horas creando un maravilloso y útil activo *online* para el cliente.

Mandó la factura al concluir su trabajo y el cliente nunca le pagó. Si al menos hubiera pedido un depósito con la firma del contrato, habría tenido indicios de que el cliente no era serio en el pago antes de hacer el trabajo. No caiga en la trampa; insista en este depósito inicial.

- ¡No mantenga en secreto las políticas de pago! Haga constar su política de pagos en todos los contratos de la empresa para que cuando el cliente firme, sepa de antemano cómo y cuándo se espera que pague las facturas que le envíe. No espere a que el cliente haya efectuado la compra, a que la factura haya llegado hace tiempo a sus manos o a recurrir al cobro de morosos para comunicar sus políticas de pago.

- *Comunique estas políticas de pago a todas las partes involucradas, no solo a los clientes.* Todo su personal auxiliar y subcontratistas tienen que saber cuál es su política de pagos. Su tenedor de libros y su contable deberían conocerla. Todos los miembros del personal administrativo de media o plena dedicación deberían conocer esta política de pagos, que debería formar parte de la identidad de su empresa.

- *Refuerce sus políticas de pago siempre que surja la ocasión.* Imprímalas en el pie de página de sus facturas. Todo el mundo debe recordar que usted se toma en serio el pago. Si usted no lo hace, ¿por qué van a hacerlo los clientes?

## Diseñando su facturación

Nada afecta más directamente al flujo de tesorería que la política de facturación de una empresa. Quiero presentar algunas directrices clave para diseñar facturas que harán que los clientes estén *deseosos* de entregar su dinero a cambio de sus sorprendentes productos y servicios:

### Regla 1: ¡Adopte una actitud!
Envíe sus facturas con confianza, no con temor. Si la empresa ha entregado al cliente un gran producto o servicio, la factura indica meramente que se trata de un intercambio de valor: el talento

y capacidades de la empresa por el dinero del cliente. No tenga miedo de cobrar, y no espere a mandar la factura.

### Regla 2: Haga una lista de beneficios

Una factura es más que una mera nota por los servicios prestados; es un documento estratégico capaz de conectar el beneficio que ha recibido el cliente por los productos o servicios de su empresa y el precio que le está pidiendo que pague. Recuerde que los clientes no le contratan para que realice un trabajo, sino para que consiga unos resultados. Tales resultados son el beneficio final que recibe el cliente por toda la experiencia y arduo trabajo que le ofrece su empresa. En primer lugar, es importante que describa claramente los beneficios que ha recibido el cliente por el trabajo que cubre la factura. ¿Desarrolló su empresa una nueva página de aterrizaje que generó más tráfico en la web? ¿Realizó usted 100 fotografías captando la alegría de un nuevo matrimonio? ¿Reparó 50 metros cuadrados de pavimento deteriorado y mejoró la seguridad de la entrada de una vivienda? Escriba directamente estos beneficios en la factura por encima del precio que le está pidiendo a su cliente que pague.

A continuación, muéstrele al cliente las capacidades, tareas, especialización y sacrificios que fueron necesarios para realizar el trabajo (para conseguir los beneficios en cuestión). Si el número de horas es significativo, es importante que conste en la factura. Esta estrategia de consignar el beneficio final que recibe el cliente y el esfuerzo requerido para llevar a cabo el proyecto representa una forma de dar valor a lo intangible.

Cuando el cliente llega al precio, sabe exactamente lo que está pagando en esa factura. La empresa que dirige cobrará más rápidamente y el flujo de tesorería mejorará.

### Regla 3: Cuantifique los beneficios

Muchas personas de perfil creativo se sienten insultadas cuando sus clientes muestran sorpresa por el precio de sus servicios. Pero la naturaleza humana es simplemente así. Los clientes necesitan que detallemos todo lo que se requiere para producir un resulta-do maravilloso.

El ahorro es otro enorme beneficio que a los clientes les en-canta y que tienen que ver reflejado. La mayoría de las personas experimentan una cierta satisfacción cuando saben que le han sacado jugo al dinero que han pagado. Esto es lo que hemos de darles a nuestros clientes. Si el proyecto le costó al cliente 1.000 dólares y se ahorró 10.000, este ahorro debería reflejarse siempre en la factura. Si el trabajo se terminó antes de tiempo, indique en la factura el número de días o semanas ganados. Si el trabajo se contrató con un presupuesto máximo, indique la diferencia entre el cálculo del principio y el precio final. Si usted, como director del proyecto, decidió «donar» dos horas para terminar el proyecto, haga constar estas dos horas y su valor en la factura, y luego tache de algún modo el coste poniendo «sin coste» o coste «0». El cliente verá de inmediato lo que ha ahorrado.

Personalmente siempre consigno una línea en mis facturas recordándole al cliente que realizo mi trabajo en una cuarta parte del tiempo que lo hacen mis competidores. Si consideramos las horas invertidas, yo consigo unos buenos honorarios; pero si mi-ramos el coste total, el cliente hace el negocio del siglo. Mis factu-ras lo dejan claro, y mis clientes se dan cuenta de que han gastado bien su dinero.

### Regla 4: *Personalice la factura*

Si ha tenido un equipo de tres personas trabajando en el proyecto, consigne sus nombres. De este modo el cliente sabe que el trabajo no se realizó como una mera mercancía, sino que fue dirigido por personas reales que se preocuparon del resultado final. Steve Jobs creía apasionadamente en este concepto, haciendo que su equi-po de diseño *firmara* en el interior de sus primeros ordenadores. Ello expresaba el orgullo de su trabajo.

Las facturas se convierten en una constante expresión del valor que la empresa entrega a cada cliente: un testimonio de lo que se ha conseguido. Enumerar los beneficios que recibe el cliente es la clave para que este diferencie su producto o servicio de otros. Ello le recordará lo que hace que el negocio que usted dirige sea distinto y más profesional que el de sus competidores. Esta personalización de la factura apoya también una estrategia de precios especiales, que es clave para obtener una sólida rentabilidad por su tiempo. Las facturas ayudan a construir la reputación de la empresa.

## Estrategia de facturación

Ahora que sabe cómo acercarse al diseño de sus facturas, hablemos de cómo y cuándo entregarlas.

### Facturación inmediata

Las empresas de servicios deben facturar al cliente *el mismo día* que terminan su trabajo. ¡No deja de sorprenderme que sean tan pocas las empresas de servicios que siguen esta sencilla norma! ¡No deje que concluya el día en que se termina un proyecto sin facturar al cliente!

Una vez contraté los servicios de un desarrollador web para que trabajara en Best Small Biz Help.com que tardó ¡nueve meses en mandarme la factura! Esto representa miles de dólares de trabajo que su empresa debería haber recibido pero que no recibió. Para mí es importante mantenerme al día en el pago de mis cuentas porque de ello depende mi reputación, ¡y no podía pagarle sin saber cuánto le debía! Le llamé cinco veces pidiéndole que me mandara la factura. Esto es nuevo: el cliente insistiendo para que le envíen la nota. Cuando le pregunté a mi representante que trabaja con la firma en cuestión, me dijo: «Muchos clientes me dicen lo mismo». Si quiere acabar con su flujo de efectivo, esta es una forma estupenda de hacerlo.

Aprenda la lección. Cuando comunique su política de pagos al principio de un proyecto, haga saber a su cliente que le mandará la factura el mismo día en que se termine el trabajo. De este modo no habrá sorpresas. Después *hágalo*: tan pronto como termine el trabajo, mande la factura. El reloj no empieza a correr hasta que la factura se envía. Cuánto antes mande la factura, antes recibirá el dinero su negocio.

### Confirme el recibo de la factura

Cuando envíe una factura, confirme siempre que el cliente la ha recibido. Si la manda por correo electrónico, pida una petición de confirmación. Es demasiado importante para que se pierda. También proporciona un justificante para el caso de que alguien deje la empresa o ponga excusas por no haber pagado. De ser necesario, usted puede decir: «Es extraño que me diga que no ha recibido la factura, porque ahora mismo estoy viendo su confirmación de recepción fechada el 11 de noviembre». Como dijo Churchill, los hechos son mejores que los sueños.

### Facturas menos cuantiosas, más a menudo

La clave de la facturación es ponerles fácil a los clientes el pago de sus facturas. Sé que suena dolorosamente obvio, pero se asombraría si supiera el bajo número de empresarios que realmente lo entienden. ¿Qué sucede cuando recibe una factura cuantiosa, aunque usted supiera que iba a llegar? Se le hace un nudo en el estómago. Se convierte en una carga. Es más fácil digerir bocados más pequeños, ¿no cree?

Cuando se trata de facturas de miles de dólares, mi recomendación es fraccionarlas en cantidades más pequeñas y enviarlas con más frecuencia. Esto facilita muchísimo el pago para los clientes, lo cual dinamiza el flujo de tesorería y reduce el riesgo de cobro. Requiere un poco más de esfuerzo y planificación, pero no es realmente significativo cuando piensa en lo que, con ello, va a ganar la empresa.

Jane Applegate, productora ejecutiva del Grupo Applegate, me invitó a grabar en vídeo algunos consejos empresariales para su audiencia de pequeñas empresas. Durante la grabación, el cámara me dijo que había hecho una sesión para una gran empresa de contabilidad. Uno de los directivos le había dicho que cuando comenzaron a facturar semanalmente a sus clientes en lugar de hacerlo de forma mensual, cobraban un 30 % antes. El cámara siguió este consejo y comenzó a facturar semanalmente a sus clientes. En lugar de mandarles una factura de 2.000 dólares al mes, comenzó a emitirles facturas de 500 dólares cada semana, y a cobrar a los 10 días en lugar de a los 60. ¡Ojalá le hubiéramos grabado! Un pequeño cambio en la facturación puede tener un efecto impresionante en el flujo de tesorería.

**Siga la pista de las facturas pendientes**

Es importante hacer un seguimiento de las facturas pendientes. Infórmese de cuándo vencen según su política de pagos y del tiempo que llevan («días pendientes») en el montón de «Facturas a pagar» del cliente. Cada semana debería conocer las facturas que vencen la semana siguiente. Casi todas las aplicaciones de contabilidad le permitirán ver estos datos de las facturas con solo pulsar un botón. Si no sabe cómo hacerlo, pídale un informe a su contable que le muestre las facturas pendientes. Este **informe de facturas pendientes** le mostrará:

- Todas las facturas todavía pendientes de cobro.
- La fecha de vencimiento de cada factura y los días que lleva pendiente de pago.
- La cantidad de cada factura.
- El cliente responsable.

Como puede ver se trata de una información sumamente útil.

Es una buena señal que el número promedio de días pendientes sea menor de 30 días. Significa que alguien está llamando con regularidad a los clientes para recordarles el pago de sus deudas. Cuanto menor sea el promedio de días pendientes, más rápido convierte la empresa las facturas en efectivo. Como sabe ahora, las probabilidades de cobrar una factura que lleve más de 30 días pendiente de pago se reducen drásticamente.

### Llame a sus clientes cuando se acerque la fecha de pago

Los empresarios que prosperan saben que, les guste o no, deben tomarse en serio la recaudación: tienen que ponerse al teléfono para cobrar facturas. Saben que llamar dos días *antes* de la fecha de vencimiento, no después de ella, ayudará a preservar la buena relación con sus clientes. ¿Por qué? Cuando usted llama al cliente antes de que venza la factura, el tono de la llamada es cordial. Se trata de un recordatorio. Le está dando al cliente el beneficio de la duda asumiendo que su intención es pagar su deuda. Usted se limita a hacer un seguimiento del proceso haciendo todo lo posible para que los pagos se procesen de manera eficiente. Pregúntele si puede hacer algo para facilitar el proceso de pago. ¿Tienen toda la información necesaria? ¿Es exacta? ¿Le llevará más tiempo girar un cheque que hacer una transferencia bancaria? Si hay que rellenar algún formulario para poder realizar pagos por transferencia, ofrézcase a hacerlo y a mandárselo aquel mismo día. Haciendo este seguimiento le pagarán antes.

Recomiendo especialmente llamar a los clientes entre el martes y el jueves. Los lunes son, por regla general, días demasiado frenéticos, y el viernes todo el mundo está pensando en el fin de semana. Llame antes o después del almuerzo. Personalmente me gusta llamar sobre las 10 de la mañana. A esta hora las personas ya han tenido tiempo de despertarse completamente y los estómagos no han empezado todavía a reclamar el almuerzo. Prometo que se trata de una tarea simple e indolora.

## Desarrolle una buena relación con Susie

Cuando llama a un gran cliente para ver qué pasa con una factura impagada, es muy probable que esté hablando con Susie. ¿Que quién es Susie? Susie es la secretaria de tesorería de su cliente. Es la encargada de girar los cheques a final de mes. Susie es posiblemente la persona más infravalorada y mal retribuida del planeta y, sin embargo, «tiene las llaves del reino» para las pequeñas empresas. Susie gestiona la tesorería del cliente. Muchas veces es ella quien determina el quién, cuánto y cuándo de los pagos. Los clientes tienen una jerarquía para efectuar los pagos. Posiblemente nunca se lo digan, pero es algo muy real y usted debe saber que es así. Los proveedores que suministran bienes y servicios singulares o difíciles de reemplazar siempre tienen prioridad en materia de pagos. Puesto que, siendo el director de una pequeña empresa, es improbable que su nombre esté en la primera línea de la lista, cuanto mejor sea su relación con Susie, más probable será que se le pague con una cierta prontitud.

La mayoría de pequeños empresarios pasan mucho tiempo desarrollando una buena relación con quienes firman los pedidos de compras, pero casi nunca conocen a las personas que firman los cheques. Nunca olvide que generar ingresos de ventas es estupendo, pero cobrar lo es todavía más. Descubra quién es «Susie» en todas las grandes empresas a las que les vende. Si es posible, conózcale en persona, dele un apretón de manos y mírele directamente a los ojos. Cuando le envíe un cheque para el pago de una factura, mándele una nota de agradecimiento manuscrita por correo postal. *No estoy bromeando.* Tómese el tiempo. ¿Por qué? Porque solo usted valora lo importante que es Susie para su empresa. Susie nunca recibe notas de agradecimiento. Todo el mundo minimiza la importancia de su trabajo. Puesto que usted no comete este error, no será un extraño para ella cuando vea su factura. Puede incluso considerar la posibilidad de invitarle a comer alguna vez. Si lo hace, pregúntele cómo van las cosas. Se sorprenderá de lo que descubrirá.

Quiero hablarle de una invitación a comer que me ahorró mucho dinero. Hace años, invité a almorzar al secretario de tesorería de un cliente. Durante la comida, aquel hombre me dijo que mi cliente estaba al borde de la bancarrota y a punto de incumplir el pago de mis facturas. Aquel mismo día hablé con mi abogado y mandamos una carta formal al cliente rescindiendo nuestro contrato dado que no contaba con los medios para cumplir con el resto de nuestro acuerdo. Concluí respetuosamente mi relación profesional con aquel cliente antes de que este se declarara insolvente y no pudiera pagar sus deudas. Nos libramos por los pelos. Afortunadamente, tenía una relación de confianza con el secretario de tesorería de aquella empresa que le llevó a ser sincero conmigo, permitiéndonos tomar medidas antes de que todo saltara por los aires. Al menos no sufriría más pérdidas.

Es *siempre* importante mantener una relación personal con la persona que gestiona sus facturas. Esto es también necesario cuando su cliente es un ayuntamiento u organismo gubernamental. La persona que se ocupa de los pagos es un ser humano real, como Susie, no un burócrata anónimo. En una ocasión realicé un trabajo considerable en el marco de un programa de formación para un organismo patrocinado por el gobierno en mi estado. Envié la factura dentro del plazo, pero cinco meses después todavía no había recibido el dinero. Puesto que en cuestión de pagos la mayoría de entidades gubernamentales funcionan a un ritmo diferente que el resto del mundo, sabía que tardaría un tiempo en cobrar. La cuestión era que un colega, con quien había trabajado codo a codo en el mismo programa, había presentado su factura al mismo tiempo que yo y había recibido el dinero al cabo de 30 días. No tenía lógica.

Llamé a mi contacto en la agencia para la que habíamos hecho el trabajo y, tras una larga averiguación, conseguí enterarme

de quién era la secretaria de la tesorería, que resultó vivir a casi 1.000 kilómetros de distancia. Cuando la llamé, aunque no estaba nada satisfecha por no haber cobrado en un plazo razonable tras haber hecho un trabajo excelente, no lo hice en un tono de queja. Le dije que solo quería saber si mi factura estaba en el sistema y cuál podía ser el obstáculo para el pago. ¿Estaba toda mi información bancaria correctamente consignada en el sistema? ¿Se había perdido la factura? ¿Debería haber consignado alguna otra información en la factura? También le pregunté si podía hacer alguna cosa para facilitar su trabajo. (¿Cuándo fue la última vez que alguien le hizo esta pregunta?).

En pocas palabras, la secretaria respondió de forma maravillosa. He olvidado su nombre, pero no su amabilidad. Cinco días hábiles después recibí el dinero.

Además de desarrollar una buena relación con Susie, los pequeños empresarios se harán un enorme favor si se ponen en su lugar.

### Adapte sus facturas al límite autorizado de Susie

Pregúntele a Susie cuál es su límite autorizado y mantenga el monto de sus facturas *dentro de este límite*. Por lo general, Susie tendrá libertad de movimientos para cantidades menores, generalmente por debajo de 5.000 dólares. Si llega una factura superior a su límite autorizado, necesitará la aprobación de su jefe, o del jefe de su jefe, para mandar el cheque. ¿Por qué? Es una buena medida de prevención de riesgos por parte del cliente, que dificulta el fraude y protege el flujo de tesorería. El problema es que cuando una factura sobrepasa el límite autorizado debe mandarse a eslabones superiores de la cadena administrativa para obtener permiso y ello *ralentiza* mucho la gestión. Cuanto más cuantiosa sea la factura, más autorizaciones se requieren para efectuar el pago y mayor será el retraso.

Debe esperar políticas de pago y límites más restrictivos cuando las empresas funcionan en economías estancadas porque, como todos, sus clientes intentan controlar sus riesgos. Si Susie tuviera un límite autorizado de 5.000 dólares cuando la economía estaba en auge, su límite autorizado se reduciría a la mitad si descendieran los ingresos por ventas y la liquidez fuera más escasa. Esto es perfectamente normal; solo debe saber prevenirlo y manejarlo. Si antes mandaba facturas de 5.000 dólares, ahora debe empezar a enviarlas por un monto no superior a los 2.500 y con una frecuencia mayor si el total de la factura pendiente es voluminoso. Si el cliente hace un pedido voluminoso, fraccione su envío para que pueda fraccionar también su facturación. En este caso, si el cliente tiene problemas para pagar no perderá todo el valor del pedido. (Habría ganado mucho más si hubiera comenzado esta práctica 15 años atrás).

### *Adapte su ciclo de facturación al ciclo de pago de Susie*
Pregúntele a Susie cuál es el ciclo de pago de su cliente, y haga que *el envío de sus facturas coincida con él*. La mayoría de las empresas realizan pagos de forma quincenal o mensual en una fecha determinada. Ponga estas fechas en su calendario o informe a su contable o tenedor de libros para poder enviar las facturas antes

de cada fecha de emisión de cheques. Verifique cada trimestre que el proceso no ha cambiado. Si envía una factura justo después de estas fechas tendrá que esperar hasta el siguiente ciclo de envíos para poder cobrar. Las esperas en el cobro siempre cuestan dinero y exprimen el flujo de tesorería.

## GESTIONAR LA SALIDA DE EFECTIVO

En el último capítulo subrayé lo esencial que es conservar la vitalidad de su empresa ejerciendo un férreo control de los gastos y le advertí sobre ciertas trampas y despilfarros a evitar. Ahora quiero darle otras dos estrategias para minimizar las fugas de efectivo.

### Controle los honorarios de los subcontratistas

La mayoría de las empresas subcontratan a profesionales o empresas para distintos servicios. El *marketing online* es un ejemplo corriente. Lamentablemente, muchos prometen, a cambio de un montón de dinero, aumentar de forma significativa el tráfico de su página web o blog, pero luego ofrecen resultados muy por debajo de las expectativas. ¿Cómo puede usted proteger su negocio? Reparta el riesgo. Contrate recursos gestionados por profesionales dispuestos a renunciar a una tarifa fija y a cobrar según los resultados. Esto hará que tales profesionales se sientan tan comprometidos con su éxito como usted mismo. Estructure el pago para que su experto en posicionamiento de buscadores reciba una *mayor* compensación si las estadísticas del sitio mejoran dramáticamente que si le pagara una tarifa fija. De este modo usted reparte el riesgo de incumplimiento al tiempo que conserva liquidez.

Si la página web de su empresa mejora su rendimiento, le alegrará compensar a quienes le han ayudado a conseguirlo. Y si no es así, no se quedará con una cuantiosa factura y sin resultados que la justifiquen.

Otra forma de conservar la liquidez es limitar el tiempo que invierte en el proyecto el personal subcontratado. Cuando estaba desarrollando un artículo para Best Small Biz Help.com acordamos con uno de mis colaboradores subcontratados que no invirtiera más de dos horas en su trabajo. Le pagaba, pues, una tarifa fija por artículo. Si conseguía ser más eficiente y redactar un artículo estupendo en menos tiempo, el precio de sus horas subiría.

## Pida un descuento a sus proveedores

Si su empresa paga sus facturas a tiempo y sus cheques nunca son devueltos, tiene una buena base para negociar con sus proveedores. Aunque para un determinado proveedor su empresa sea un cliente pequeño, un buen historial de pagos le da derecho a pedirle un descuento o algún tipo de valor añadido que, en última instancia, puede aportar un mayor valor de rescate a la empresa. Repase las condiciones actuales que tiene con cada proveedor. Por regla general, los términos son neto a 30 días, lo cual significa que el pago debe efectuarse dentro de los 30 días posteriores a la realización del pedido. Pida un 5 % de descuento por pago a la entrega o por pago en efectivo si paga antes de los 10 días. Si el proveedor pone peros, ¡no negocie la idea de un descuento, sino su porcentaje! Si lo hace con todos los proveedores, le sorprenderá cuánto dinero puede ahorrar. La primera tarea es hacer los deberes. Entérese de si los competidores de su proveedor ofrecen descuentos por pronto pago. Adquiera este tipo de información para responder a la oferta de su proveedor con datos exactos. Sus proveedores le respetarán y harán un esfuerzo —especialmente en mercados débiles—, pero solo si la empresa que usted dirige paga sus deudas a tiempo.

Uno de los empresarios más exitosos y respetados que conozco en Nueva York colaboraba de una forma comprometida con sus proveedores, pero también les exigía que tratara con la misma lealtad a su empresa. Cada año revisaba los contratos de sus proveedores, sondeaba las ofertas del mercado y luego pedía un descuento o un valor añadido para su negocio. A veces significaba conseguir una «docena de panadería» (13 unidades de un producto al precio de 12). Otros proveedores le ofrecían entradas gratuitas a exposiciones comerciales o programas de formación para sus trabajadores.

Los proveedores tienen grandes redes e información, y pocos clientes se aprovechan de la influencia que pueden ejercer. Puede que el proveedor tenga algún experto en nómina capaz de impartir un breve seminario en su empresa sobre un tema importante para usted o su personal. El desarrollo de su capital intelectual puede añadir un verdadero valor a la empresa. Pero si no pide estas cosas, nunca las obtendrá.

### Gastos y tarifas bancarias

No permita que su banco le cobre más de lo debido. Entérese del concepto de todas las tarifas y gastos. En estos días puede representar una cantidad de dinero importante. Investigue lo que cobran los competidores bancarios, incluso los pequeños bancos locales, y esté dispuesto a cambiar de entidad si cuando cierra sus libros a final de año comprueba que los gastos están subiendo demasiado rápido. Los pequeños bancos locales ofrecen a menudo un mejor servicio, sus tarifas son iguales o inferiores y es más probable que se esmeren en su trato a las pequeñas empresas.

Miles de empresas están pagando cargos por tarjetas de crédito y débito que no deberían pagar. Una vez tomé un café con un contable que realiza auditorías de operaciones con tarjetas de crédito para pequeñas empresas. Su trabajo consiste en encontrar formas de reducir el gasto de las compras con tarjetas de crédito para sus clientes. Este contable me dijo que si su empresa acepta tarjetas de débito para compras es muy probable que el banco les esté cobrando la misma tasa de intercambio por las transacciones con tarjetas de débito que por las realizadas con tarjetas de crédito. Esto no es correcto, puesto que las compras con tarjeta de débito son muy distintas de las realizadas a crédito. Las tarjetas de débito reducen el efectivo depositado en una cuenta en el momento de la compra, como cuando se extiende un cheque. Por el contrario, las cuentas con tarjetas de crédito extienden crédito al comprador para que este pueda efectuar su compra. Es un préstamo a corto plazo y supone un riesgo más importante para el banco. El banco no debería cobrar la misma cuota para el dinero que ya está en la cuenta para cubrir un débito que la que cobra cuando se extiende un crédito para realizar una operación. La tasa de intercambio en una operación con tarjeta de débito debería ser siempre inferior a la realizada con tarjeta de crédito.

Si su pequeña empresa acepta tarjetas de crédito y débito para sus pagos, compruebe las declaraciones del banco receptor y revise las tasas que se cargan a su empresa por sus compras a débito. Compruebe que su empresa no está pagando en exceso por sus operaciones a débito. ¡Reduzca las tasas excesivas y aumente su liquidez!

* * *

No sé si a usted le sucede lo mismo, pero cuando yo pongo mi corazón en un proyecto para un cliente, le mando la factura y no me paga por mi trabajo, me siento considerablemente indignada. He pagado un precio por mi curva de aprendizaje sobre la gestión del ciclo de efectivo y quiero evitar esta situación siempre que sea posible. Le prometo que las estrategias que ha aprendido en este capítulo le permitirán mejorar las posibilidades de cobrar el monto total de sus facturas, y de hacerlo a tiempo. Puede que estos consejos para proteger el flujo de tesorería no le parezcan especialmente interesantes, al menos hasta que oiga hablar de proveedores que han perdido sus negocios y vivienda porque sus clientes no les pagaban. Los riesgos son muy elevados. Usted es ahora una persona informada. No tiene excusa.

## INSTRUMENTOS CLAVE

▶ Entérese de cuáles son las políticas de pago que rigen en su sector y utilícelas como valores de referencia.

▶ Comunique por escrito la política de pagos de la empresa en todos los contratos y facturas.

▶ Comunique la política de pagos por adelantado a todo el personal administrativo, subcontratistas y proveedores para que no haya sorpresas cuando el dinero tenga que cambiar de manos.

▶ Las facturas son documentos estratégicos. Utilícelas para reforzar el valor que el cliente ha recibido.

▶ Si un proyecto tiene múltiples fases, pida un depósito por adelantado y facture al cliente a medida que el proyecto va completando etapas.

▶ Cuando la empresa ha entregado un producto o realizado un servicio para sus clientes, envíe las facturas aquel mismo día. No espere.

▶ Pida confirmaciones de recepción de las facturas por escrito.

▶ Llame a los clientes para el cobro de las facturas que están a punto de cumplir los 30 días desde su emisión para verificar cuándo se producirá el pago y qué puede hacer usted para agilizarlo.

▶ Conozca a Susie, la secretaria de la tesorería de su cliente. Desarrolle una auténtica apreciación por lo que hace. Ella le ayudará a prevenir el riesgo relativo al flujo de tesorería.

▶ Entérese de cuáles son los ciclos de pago de sus clientes y envíe sus facturas en consonancia con este ciclo.

▶ Si un cliente debe mucho dinero a su empresa, emita más facturas con cantidades más bajas y envíelas más a menudo para evitar el engorroso proceso de la aprobación. La empresa tardará menos en cobrar.

▶ Pida descuentos por pronto pago y pagos en efectivo.

▶ Asegúrese de que su banco no le está cobrando en exceso por sus servicios.

# CAPÍTULO 7

# ¿Cuál es el valor de su empresa?

El secreto está en el balance general

---

En el capítulo 1 le presentamos los tres indicadores del panel de instrumentos financieros: el estado de resultados (velocímetro), el estado de la tesorería (indicador de combustible) y el balance general (medidor de la presión del aceite). Ahora ha llegado el momento de aprender cómo indica el balance general la salud sistémica de una empresa.

Si ignora las indicaciones del medidor de la presión del aceite, el motor se bloqueará y su vehículo se detendrá estrepitosamente. Si ignora los datos del balance general, esto mismo puede sucederle a su empresa.

Si intenta seguir adelante sin resolver los problemas que revela el balance general, se va a meter en un berenjenal. Es, pues, una buena idea aprender lo que indica el balance general; este mide principalmente la relación entre el valor de los activos de la empresa y el pasivo que debe.

Aunque el balance general recibe bastantes datos del estado de resultados y del estado de la tesorería, también introduce nuevos elementos como las cuentas por cobrar, las cuentas por pagar y la cuenta de capital, que no encontrará en ningún otro indicador de su panel de instrumentos. En este capítulo, tras presentar la idea general, definiremos estos términos.

## LO QUE REVELA EL BALANCE GENERAL

De manera que usted ha estado dirigiendo esta empresa durante un cierto tiempo y se está cansando. El asunto es: ¿cuál es su valor teniendo en cuenta todo el tiempo, esfuerzo y sacrificio que se ha invertido en ella? ¿Cómo cuantificamos su valor? ¿Se trata solo de sumar lo que cuestan los ordenadores, escritorios, equipo y, quizás, la lista de clientes? ¿O hay, acaso, algo más? De ser así, ¿qué ayudará a determinar los efectos acumulativos de todas las decisiones tomadas por la dirección desde que la empresa abrió sus puertas? ¿Qué indicador hay que utilizar?

La respuesta la tiene el balance general. Es distinto que el estado de resultados o el estado de la tesorería porque es más completo. Es, como ya he dicho en el primer capítulo, una instantánea de la salud de la empresa en un momento determinado. Representa la suma de todas las decisiones sobre productos y precios, el *marketing* y las actividades de venta, las prácticas de los directivos sobre el flujo de tesorería, gastos, deudas e inversión reflejados en este cuadro único y limpio. La Figura 7–1 presenta un balance general característico de una pequeña empresa.

Por complicado que pueda parecer, cualquier balance general consta solo de tres secciones: activo, pasivo y la cuenta de capital de la empresa.

El **activo** es aquellas cosas que la empresa posee y a las que tiene derecho. El **pasivo** es lo que la empresa debe o las obligaciones que tiene que pagar ahora o en el futuro. La diferencia entre ambos es la **cuenta de capital** (el activo neto) que se ha ido construyendo con el tiempo. La cuenta de capital puede ser positiva o negativa. Es bueno que sea positiva. Si es negativa, la pequeña luz roja se acaba de encender y algo debe mejorar pronto.

**Balance general característico de una pequeña empresa**

| Activo | | Pasivo | |
|---|---|---|---|
| **Activo circulante** | | **Pasivo circulante** | |
| Efectivo | $$$$ | Cuentas a pagar | $ |
| Inventario | $$ | Línea de crédito | $ |
| Cuentas por cobrar | $ | Pagaré cancelable | $ |
| **Activo fijo** | | **Pasivo a largo plazo** | |
| Propiedades, planta, equipamiento | $$$ | Hipoteca | $ |
| Menos: Depreciación acumulada | ($) | Bonos | $ |
| **Total activo** | $$$$$$$ | **Total pasivo** | $$$$$ |
| | | **Cuenta de capital** | |
| | | Ganancias retenidas | $ |
| | | Inversiones de capital | $ |
| | | **Total pasivo y capital** | $$$$$$$ |

FIGURA 7–1

Piense en el balance general como si fuera una de esas antiguas balanzas donde el peso de un lado (en este caso, del activo) ha de ser igual al peso del otro (en este caso, el pasivo más la cuenta de capital). La relación entre el activo, el pasivo y la cuenta de capital se expresa mediante una simple ecuación, una ecuación que siempre será válida, tanto si dirige General Motors como si gestiona la tienda de la esquina.

$$Activo = Pasivo + Cuenta\ de\ capital$$

En un mundo perfecto, el valor del activo es mayor que el del pasivo, con lo cual la cuenta de capital es positiva. Si el activo sube más rápido que el pasivo, la cuenta de capital también sube, y esto es lo que queremos que suceda. Es una de las medidas (pero no la única) que indica que su empresa está desarrollando un valor de patrimonio neto susceptible de venderse en un futuro determinado.

Otra forma de ver la relación entre activo y pasivo es esta: *el activo es lo que posee la empresa, y el pasivo es la forma en que la empresa ha pagado dicho activo.*

$$Activo - Pasivo = Cuenta\ de\ capital$$

Esta segunda ecuación nos dará exactamente el mismo resultado que la primera, y nos permite ver más cosas.

Me gusta esta forma de la ecuación porque nos permite ver lo que sucede realmente. Si deducimos lo que la empresa debe de lo que esta posee, tenemos una idea más clara de si nuestras decisiones de gestión están o no incrementando la cuenta de capital.

La cuenta de capital es un número derivado, lo cual significa que ha de calcularse. Es el número que se obtiene cuando deducimos el valor total del pasivo del valor total del activo. El balance general de la empresa reflejará lo que son el activo y el pasivo, y la cuenta de capital es lo que queda (o, a veces, lamentablemente, el déficit). Sí, es posible que la cuenta de capital sea negativa si el pasivo sube más rápido que el activo. Esta es una situación que debe evitarse como la peste.

Quiero contarle un ejemplo personal de cómo interactúan la cuenta de capital y el tiempo. Por suerte, se trata de un caso positivo. Cuando terminé el máster, compré un apartamento en la ciudad de Nueva York por 125.000 dólares. (Sí, hace mucho tiempo de esto). Di una entrada de 25.000 dólares y pedí un préstamo hipotecario de 100.000 dólares. En mi balance general personal el apartamento quedaba reflejado como un activo con un valor de mercado de 125.000 dólares. También reflejaba el préstamo hipotecario como un pasivo de 100.000 dólares sobre este activo. Mi cuenta de capital en este apartamento era de 25.000 dólares. Durante los siguientes 10 años los apartamentos fueron revalorizándose en Nueva York, de modo que sin hacer nada, el apartamento subió su valor a 225.000 dólares. El valor activo del apartamento subió en 100.000 dólares y la cuenta de capital de mi balance subió en la misma cantidad, como puede ver en la Figura 7–2. De hecho, subió bastante más que esto, porque durante aquellos 10 años había estado «pagando» mi pasivo (el préstamo de 100.000 dólares).

En pocas palabras, el balance general refleja nuestro activo y pasivo tanto en los negocios como en nuestra vida personal; presenta lo que una empresa ha acumulado en el curso de su vida y, en última instancia, cuantifica su patrimonio.

| AÑO 1 | | AÑO 10 | |
|---|---|---|---|
| **BALANCE GENERAL** | | **BALANCE GENERAL** | |
| ACTIVO | PASIVO | ACTIVO | PASIVO |
| Activo Fijo 125.000 | Hipoteca 100.000 | Activo Fijo 225.000 | Hipoteca 50.000 |
| | Cuenta de capital 25.000 | | Cuenta de capital 175.000 |

FIGURA 7–2

## LAS TRES SECCIONES DEL BALANCE GENERAL

Como hice con los otros dos indicadores del panel de instrumentos financieros, le voy a llevar paso a paso por el balance general. La belleza del balance general está en que recoge los resultados acumulados de la gestión de la empresa *a lo largo del tiempo*. Este balance consigna el activo que se ha desarrollado, el pasivo que se ha contraído y el patrimonio que se ha ido depositando con la fiel administración día a día de la relación con los clientes, el efectivo y los gastos. Consideremos, pues, el balance general sección a sección.

### Activo

El activo es el efectivo o elementos convertibles en efectivo. Siempre verá estos elementos en la parte izquierda del balance general.

La Figura 7–3 muestra los activos que puede encontrar en un balance general.

El activo se presenta solo en dos sabores: activo circulante y activo fijo o inmovilizado.

### *Activo circulante*

El **activo circulante** consta del *efectivo* (no solo este material de papel verde y arrugado depositado en una cuenta bancaria, sino también en cuentas de mercado monetario, certificados de depósito a corto plazo y otros instrumentos «líquidos»), las *cuentas por cobrar* (el dinero que se le debe a la empresa) y el *inventario* (las existencias que hay en las estanterías y en el almacén) que puede convertirse en efectivo en 12 meses. Quizá se haya sorprendido un poco por mi uso del término «líquido», pero el concepto de **liquidez** es importante y debe entenderlo bien. Tiene que ver con lo fácil que es vender un activo para convertirlo en efectivo. Cuanto más líquido sea un activo, más fácil será venderlo. La diferencia entre

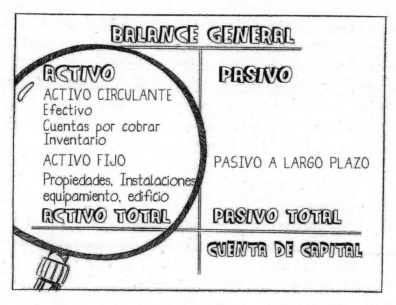

FIGURA 7–3

los activos circulantes y fijos es que los circulantes son activos más líquidos y pueden convertirse en efectivo antes de 12 meses.

El efectivo, las cuentas por cobrar y el inventario son generalmente las tres principales partidas que encontrará en el apartado de activo circulante del balance general en los negocios que venden productos. En el caso de las empresas de servicios, no encontrará el apartado de inventario porque lo que vende es tiempo y competencia técnica.

### Efectivo

El efectivo será siempre la primera línea del activo circulante en cualquier balance general. Nos gusta el efectivo. Cuánto más elevado sea nuestro efectivo, mejor. Algunos contables disienten, pero puesto que hay más problemas por falta de efectivo que por exceso de él, me mantengo en mi postura.

La cifra de efectivo en el balance general es la que aparece en el estado de la tesorería. Es un indicador del tiempo durante el cual la empresa puede pagar sus facturas sin fuentes externas adicionales de efectivo. Es también una cifra que habla de lo bien que la empresa está convirtiendo los ingresos netos en efectivo por medio de su actividad recaudatoria y de su gestión de los gastos para conservar el efectivo. Hemos visto todo esto en los capítulos 3, 4 y 5. Todos los caminos nos llevan al efectivo. Como usted sabe ahora, si una empresa vende productos y servicios pero no cobra lo que vende, el efectivo se debilita hasta el punto de producir la bancarrota.

### Cuentas por cobrar

La expresión **cuentas por cobrar** la encontrará tanto en singular como en plural. Simplemente debe saber que ambos casos aluden al mismo tipo de activo circulante. Si se usa en plural, el contable está hablando del *total* de cuentas por cobrar de la empresa, mientras que «una cuenta por cobrar» alude muy probablemente a un determinado cliente o entidad que debe dinero a la empresa en una factura específica.

Cuando la empresa hace una venta y envía mercancías o realiza un servicio, a no ser que el cliente pague en efectivo de inmediato, se genera una cuenta por cobrar vinculada a este ingreso neto. ¿Más galimatías? Esto significa que se emite «una factura por la venta en cuestión». Es importante que la empresa refleje esto, y el balance general es el único lugar donde encontrará este número de cuentas por cobrar. Significa que el cliente debe dinero a la empresa para cumplir con sus obligaciones como parte del acuerdo.

Esta cuenta por cobrar se considera un activo circulante de la empresa porque es convertible en efectivo una vez se manda la factura y el cliente paga su importe. Y puesto que todas las cuentas por cobrar son pagaderas antes de 12 meses, todas ellas forman parte del activo circulante. Así es como funciona: con el envío de un pedido, este se consigna como un ingreso neto en el estado de resultados y como una cuenta por cobrar bajo la categoría de activo circulante en el balance general. Cuando finalmente se paga esta factura, el balance general refleja un descenso de las cuentas por cobrar y una subida del efectivo. El total de activos del lado izquierdo del balance general quedará igual, solo que estos cambiarán de categoría. El balance general reflejará este hecho.

El estado de la tesorería también mostrará esta entrada de efectivo, pero recuerde que este documento solo refleja las transacciones de efectivo y no sabe nada del dinero que se debe a la empresa pero que todavía no se le ha pagado. (Siga leyendo, porque en el capítulo 9 veremos cómo interactúan estas tres herramientas para ayudarle a tomar buenas decisiones empresariales).

Solo el balance general refleja las cuentas por cobrar. Es importante contar con un instrumento que gestiona de cerca estas cuentas para asegurarse de que la empresa recibe todos sus pagos y lo hace a tiempo. ¿Se acuerda de Susie, la secretaria de tesorería del capítulo anterior? La cuenta por cobrar de su empresa es una cuenta a pagar de Susie.

Pueden transcurrir semanas entre el momento en que un cliente compra algo y aquel en que paga la factura. Entre estos dos puntos pueden pasar muchas cosas. Por ello, saber lo que son las cuentas por cobrar, cuáles están a punto de vencer o han vencido y gestionarlas de cerca es una de las claves para mantener una saludable tesorería. Es también la razón por la que, en el capítulo anterior, hemos pasado un montón de tiempo hablando de formas concretas de gestionar las facturas.

El dinero de «efectos comerciales por cobrar» que la empresa prestó y que ha de serle devuelto dentro de esta ventana de 12 meses puede también consignarse en el activo circulante, aunque este tipo de efectos son relativamente raros.

### Inventario

El inventario es un activo circulante porque es convertible en efectivo dentro de un periodo de 12 meses, al menos en teoría.

Se valora siempre según el coste de los materiales y la mano de obra necesarios para obtener los productos acabados. En pocas palabras, el inventario siempre se calcula de acuerdo con el coste de los artículos vendidos (COGS).

Gestionar el inventario puede ser un asunto bastante delicado. Lo primero que debe saber es que *el inventario son grandes montones de efectivo guardados en el estante de un almacén.* Si no tuviera el inventario, ¿qué tendría? Tendría dinero contante.

Gestionar un inventario es hacer malabarismos. Si la empresa tiene poco inventario, no puede satisfacer toda la demanda de sus productos porque no puede preparar los pedidos y facturar al cliente para que este pague. Esto hace que sufran tanto los ingresos netos como el margen bruto y el nivel de efectivo. Cuando el inventario es demasiado bajo, no se alcanza el potencial de efectivo porque no hay suficiente disponibilidad de productos para la venta. Es un *problema de abastecimiento.*

Cuando el inventario es excesivo también puede crear importantes problemas de efectivo, especialmente si la empresa vende productos de temporada o perecederos que tienen una vida de almacenamiento limitada. Si un inventario es muy superior a la demanda del producto, significa que se invirtió demasiado efectivo en fabricarlo y ahora no hay ventas que lo conviertan en ingresos netos y nuevamente en efectivo. Esto se considera un *problema de demanda.*

De ahí la importancia de mantener un nivel de inventario lo más bajo posible pero capaz de satisfacer la demanda. Si la empresa tiene que deshacerse de artículos estropeados o fuera de temporada está tirando el coste de fabricación que ha pagado.

En última instancia, cualquiera de estas situaciones (exceso o falta de inventario) es fruto de una previsión inadecuada. Aunque nadie puede predecir cuál será exactamente la demanda, quiero aportar algunas consideraciones que nos ayudarán a regular los niveles de inventario.

La gestión eficiente del inventario requiere la concordancia del momento y la cantidad del inventario disponible con la demanda. Hemos de acortar el lapso entre la fabricación del producto y su venta. La única forma de conseguir esto sin una bola de cristal es hacer todo lo posible para reducir el tiempo que requiere generar un inventario.

Cuando los clientes indican su interés en un producto, es siempre más fácil y menos arriesgado generar un inventario basado en estas peticiones, o **demanda real**, que en lo que usted espera, o **demanda prevista**. La única forma de hacer esto es desarrollar la capacidad de reacción (acortar el tiempo de generación de inventario). Aquellas empresas capaces de producir inventario bajo demanda son normalmente muy rentables. Una vez que los clientes expresan claramente qué productos quieren comprar y en qué cantidad, es el momento de accionar la maquinaria de generación de inventario. Cuanto menos tiempo precisa una empresa para generar un inventario, menos volumen de inventario necesita, y cuanto menor es el inventario, más eficiente el uso del efectivo. Desarrollar lotes más pequeños con más frecuencia producirá siempre un mejor flujo de tesorería y menos exceso o problemas por un inventario inadecuado. Y este mejor flujo de tesorería será siempre más provechoso que cualquier beneficio derivado del ahorro de costes que haya podido conseguir con *economías de escala* (compra de materia prima en grandes cantidades a un precio más bajo, pagar menos por unidad a sus proveedores en pedidos más numerosos y cosas de este tipo).

Si tuviera que equivocarme en el nivel de mi inventario preferiría que este fuera por debajo de la demanda, especialmente en una economía débil. Hemos de ver y gestionar el efectivo como el recurso limitado precioso que es. El efectivo no es el rey, sino el emperador. No minimice su importancia. El que uno de sus productos se agote en un momento es algo positivo. Aunque es doloroso perder algunas ventas por tener un inventario insuficiente, esto es mejor que haber pagado por un inventario que no se vende.

¡Lo que hemos de evitar a toda costa son las *devoluciones*! Las devoluciones son, como diría Don Corleone, *il bacio della morte* (el beso de la muerte).

Ninguna empresa gana cuando ha de devolverse la mercancía. Cuesta dinero embalar y enviar de nuevo los productos. Cuesta dinero almacenarlos y también asegurarlos y realizar el inventario físico anual que requiere Hacienda. Los inventarios son asimismo susceptibles de deterioro durante cualquiera de estas etapas. Y, como nosotros, los inventarios no suelen aumentar su valor percibido con el paso del tiempo. En pocas palabras, es un problema.

Otro problema con la generación de grandes inventarios es que siempre es muy difícil saber qué productos se van a vender bien. Pensamos saberlo, pero honestamente, el cliente siempre nos sorprende.

Mi empresa, Bedazzled Inc., vendía camisetas serigrafiadas. Teníamos una camiseta con una mariposa y otra con una escena de picnic. Yo creía que la del picnic se vendería más. Pero me equivoqué. La camiseta de la mariposa fue mucho más popular. ¿Quién podía saberlo? De hecho, habría podido (¡debido!) hacer un sondeo entre mis mejores amigas. O preguntar aleatoriamente a personas a la entrada del metro. Casi cualquier cosa habría sido más inteligente que pensar que lo sabía.

Uno de los planes más brillantes para encontrar el equilibrio entre poseer un inventario adecuado para vender pero no excesivo para no comprometer la tesorería es el que desarrolló Bonobos Company, que vende pantalones informales a medida para hombres. La experiencia del cliente es bastante distinta de la que se le brinda en unos grandes almacenes.

En primer lugar, la empresa crea una muestra de cada producto del catálogo en todas las tallas disponibles. El cliente pide hora, se prueba las muestras en una preciosa sala, donde recibe una atención personalizada, hace el pedido (y lo paga inmediatamente con una tarjeta de crédito) y Bonobos elabora los productos y los envía directamente a su puerta. Normalmente el cliente espera varias semanas la llegada de su pedido porque la empresa acumula una cierta cantidad de pedidos antes de que estos lleguen a la fábrica para su elaboración.

Lo bueno de este sistema es que el dinero no se va en un inventario que no se venderá. La inversión más importante en inventario que hace Bonobos es la fabricación de las muestras. Aunque es costoso elaborar estas muestras a pequeña escala, no tiene nada que ver con lo que la empresa tendría que invertir si quisiera anticipar la demanda por tallas y modelos y generara un inventario según estas previsiones, con el elevado riesgo de generar excedentes que nadie querría. Puesto que la demanda de estos atractivos pantalones va en aumento, es probable que la empresa cambie sus prácticas de gestión del inventario y comience a plantearse mayores riesgos en la generación de inventario en previsión de la demanda. En los primeros años, cuando el efectivo es escaso, esta gestión del inventario según la demanda es perfectamente lógica. Es una gran forma de prevenir el riesgo.

¿Cuáles son las cosas más importantes que hemos de recordar sobre la gestión del inventario?

- Sondee primero, si puede, el mercado con muestras para saber qué es lo que se va a vender realmente.

- Si es posible, no elabore un extenso inventario que consuma mucho efectivo a no ser que tenga los pedidos en mano.

- Procure encontrar socios estratégicos que tengan una gran capacidad de reacción para elaborar su inventario.

- A no ser que disponga de datos en tiempo real sobre la demanda de sus clientes y una conexión muy estrecha con sus proveedores, nunca conseguirá anticipar con exactitud el inventario.

- Como regla general, en la generación de inventario es mejor quedarse corto que pasarse.

- Si tiene que decidirse por pagar más por unidad en el COGS a fin de reducir el tiempo de generación de inventario, hágalo. Tendrá que hacer pedidos más reducidos y frecuentes para conseguir una gestión del inventario y del efectivo más rápida. Lea de nuevo este punto: no es muy complicado (haga pedidos más pequeños y frecuentes), pero sí *muy importante* para la gestión del inventario.

Quiero ilustrar este último punto. Si el tiempo de generar inventario se reduce de seis semanas a una, en teoría la empresa solo necesitará una sexta parte del inventario que precisaría normalmente porque la línea de producción puede trabajar más rápidamente. Esto significa que la empresa tiene que emplear mucho menos efectivo en esta compra de inventario. A medida que se vende el inventario, el proveedor puede reponerlo más rápidamente si su línea de producción está preparada para ello. Esto hace que el uso del efectivo sea mucho más eficiente. Significa también que el proveedor puede producir más cantidades de los artículos que más se venden y reducir así el riesgo de excedentes y devoluciones. ¿Será más elevado el coste por unidad? Sí. No es ningún problema pagar un poco más por unidad siempre que el nuevo COGS permita que el margen bruto de tales productos sea, al menos, del 30 %. En esencia está pagando el tiempo que ahorra. Creo que esta medida merece la pena y lo argumentaré ante cualquier contable público que diga lo contrario.

¿Que por qué estoy invirtiendo tanto tiempo en la gestión del inventario? Porque demasiados directores de pequeñas empresas están terriblemente equivocados. Si los niveles de inventario son demasiado altos y la empresa agota el efectivo, podría ser el fin.

Las empresas de servicios no tienen el mismo desafío con la gestión del inventario que las que venden productos. El «inventario» que tienen que administrar las empresas de servicios es el tiempo. En esta clase de negocios, los límites son los días de 24 horas de los que hemos hablado en el capítulo 3.

### Activo fijo o inmovilizado

Aquellos activos que no pueden convertirse fácilmente en efectivo dentro de un plazo de 12 meses —edificios, terrenos, equipo, ordenadores y muebles, por ejemplo— se colocan bajo la categoría de **activo fijo**. A esta categoría se la llama afectuosamente «propiedades, planta y equipo» (PPE). Puesto que, finalmente, la planta (instalaciones) y el equipo tendrán que sustituirse, estas cosas deprecian su valor cada año y esta depreciación se refleja anualmente como un gasto en el estado de resultados, pero el gasto acumulado, desde la fecha en que se compraron estos activos, se muestra en el balance general. (El estado de resultados solo muestra el gasto proporcional de un año natural, mientras que el balance general refleja los efectos acumulados de lo que ha sucedido desde que se compraron la planta y el equipo).

Ahí van algunas cosas a recordar sobre la naturaleza de los activos fijos. Aunque el valor de un activo —un edificio, por ejemplo— pueda *fluctuar*, no significa que no tenga valor. El valor de los activos que se consignan en un balance general puede fluctuar por muchas razones, como cambios en la tecnología, en el abastecimiento local, en la demanda inmobiliaria o en los tipos de interés e índices de depreciación. Su contable sabrá reflejar debidamente el valor de los activos y los gastos de depreciación. (Puesto que cada pequeña empresa es distinta, no voy a intentar cubrir todas las hipotéticas situaciones que pueden presentarse).

Lo importante es saber que la diferencia entre un activo circulante y uno fijo es este marco temporal de 12 meses que se precisa para convertir, por medio de su venta, un activo en efectivo. Requiere más tiempo vender un activo fijo y convertirlo en efectivo.

Los activos fijos también tienden a ser grandes compras que tienen valor efectivo pero que no son fácilmente convertibles (el problema es este periodo de 12 meses). La mayoría de activos fijos, a excepción de las tierras (no así los edificios construidos en ellas), están sujetos a depreciación. El valor de un activo fijo en el balance general reflejará su precio de compra menos el total de la depreciación calculada (por su contable) desde el momento de su adquisición. (Hemos tratado la depreciación con cierto detalle en los capítulos 2 y 5). En otras palabras, en el balance general usted verá reflejado el valor neto de un edificio o un elemento de equipo que equivaldrá a su precio de compra menos la depreciación acumulada.

Esto cubre el aspecto de los activos de la ecuación del balance general. Es todo lo que la empresa posee.

Puesto que todo *yin* tiene su *yang*, repasemos ahora el aspecto del pasivo en el balance general.

## Pasivo

El pasivo aparecerá en el lado derecho del balance general, que muestra todo lo que debe la empresa. Se trata de las obligaciones de la empresa, y del mismo modo que el activo se divide en activo circulante y activo fijo, el pasivo se divide también en pasivo circulante y pasivo a largo plazo. La Figura 7–4 muestra la mayoría de las categorías del pasivo que puede encontrar en un balance general.

### Pasivo circulante
A las obligaciones de un negocio que deben pagarse dentro de los próximos 12 meses se les llama **pasivo circulante**. Este pasivo consta de cuentas a pagar, pagarés cancelables y pagos de líneas de crédito. Vamos a analizar cada uno de estos elementos.

### Cuentas a pagar

Las facturas de cuentas a pagar de proveedores por artículos enviados o servicios prestados se llaman **cuentas a pagar**. Si la empresa mantiene al día sus cuentas a pagar —es decir, si las facturas se pagan dentro de plazo— ganará importantes puntos ante los proveedores cuando tenga que pedirles un favor. Como vimos al hablar de la gestión del efectivo en el capítulo 5, es importante seguir la pista de las cuentas a pagar porque las obligaciones con la empresa son muy reales.

Gestionar bien el efectivo es importante porque las cuentas se satisfacen o pagan con él. Cuando usted extiende cheques para pagar las facturas pendientes, las cuentas por pagar del balance general disminuyen —como también el efectivo circulante— exactamente en la misma cantidad. El balance general reflejará

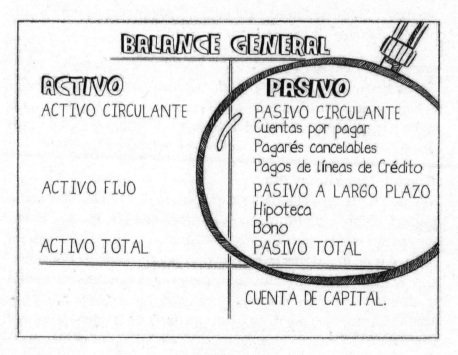

FIGURA 7–4

este hecho. El estado de la tesorería también indicará que ha salido efectivo del negocio, pero solo el balance general muestra la historia completa. La buena noticia es que, aunque el volumen de efectivo, un activo circulante, ha disminuido, también lo ha hecho el pasivo circulante, es decir, las cuentas a pagar. La cuenta de capital, o activo neto de la empresa, no ha cambiado. Pronto verá por qué.

Un famoso empresario cuenta una anécdota sobre los inicios de su empresa. Él y sus socios iban con sus vehículos hasta un pueblo del estado vecino para mandar los cheques de sus proveedores porque sabían que, de este modo, les llegaría el dinero uno o dos días después. Esto le daba a la empresa un día o dos más de efectivo para gastos de funcionamiento antes de que aquellos cheques se cobraran. Esto nos da una idea de lo escasa que era la situación de efectivo al principio. En uno u otro momento, la mayoría de los negocios tendrán dificultades para pagar todas sus deudas. Es parte de la coyuntura económica.

### Pagarés cancelables

Las obligaciones a corto plazo con inversores, proveedores o con el banco para cubrir necesidades de efectivo o generar inventario se llaman **pagarés cancelables**. Se trata de obligaciones a corto plazo. Generalmente deben pagarse en el plazo de 12 meses.

### Pagos de líneas de crédito

Si usted ha tenido alguna vez una tarjeta de crédito, entenderá perfectamente cómo funcionan las líneas de crédito. Las líneas de crédito son esencialmente lo mismo pero sin el plástico. En los **pagos de líneas de crédito** encontrará otra serie de obligaciones a corto plazo. Los bancos y proveedores extenderán crédito a sus buenos clientes. Generalmente, son líneas de crédito renovables. La empresa puede utilizar una parte de la línea de crédito o puede hacerlo en su totalidad. Cuando devuelve el dinero, la línea de crédito se abre de nuevo. Si usted es titular de una cuenta corriente y tiene una buena calificación de solvencia, puede pedir una **protección de descubierto**. Se trata de un préstamo a corto plazo que el banco hace a su cuenta si no hay bastante dinero para cubrir sus cheques. El banco pagará los cargos que lleguen a su cuenta, permitiéndole evitar la vergüenza de la devolución y todos los gastos que esta generaría, pero también le cobrará un interés por el préstamo durante aquel mes. El banco también espera que los descubiertos se cubran cada mes. Los descubiertos son un pasivo u obligación de la empresa hasta que se pagan. Si no se pagan puntualmente, verá lo rápido que el banco cierra la protección de descubierto.

Las tarjetas de crédito son también una forma de crédito renovable. Las que la empresa usa para viajes e incidencias generarán informes mensuales indicando lo que se debe a la cuenta. Mi consejo es que estas cuentas se paguen en su *totalidad* cada mes cuando llega la factura. Los índices de interés de las tarjetas de crédito pueden ser tan astronómicos que, aunque convenientes, pueden hundir el barco si no se gestionan debidamente.

¿No me cree? Permítame contarle una experiencia. Realizo seminarios titulados «Contabilidad para numerofóbicos». Estos van dirigidos a pequeños empresarios o directores de pequeñas empresas, y la inscripción en el seminario incluye también una sesión privada con cada participante para repasar sus estados de resultados y de la tesorería.

En una de estas revisiones casi se me corta la respiración mirando el estado de resultados de uno de los asistentes. Había una línea que se salía de la página. Eran los gastos por intereses de 50.000 dólares que había pagado en un solo año. La empresa solo estaba generando 200.000 dólares, por lo que los gastos por intereses solo podían ser tan estratosféricos si aquella pequeña empresa estaba financiándose con tarjetas de crédito. Solo las empresas de tarjetas de crédito pueden cobrar índices de interés de dos dígitos. Este hecho hace que la factura crezca con bastante rapidez.

¿Adivine cuánto era la deuda total por cinco tarjetas de crédito? ¿Se puede creer que ascendía a 400.000 dólares? No, no estoy bromeando. Aquel profundo y aterrador agujero financiero tardó años en desarrollarse.

El problema de fondo de aquel pequeño empresario era doble. El primero era que trabajaba con márgenes brutos de solo el 15 %, en lugar del 30 % que estamos recomendando. Era un índice demasiado bajo y, por ello, cuanto más vendía, más crédito necesitaba para cubrir el vacío entre lo que la empresa generaba en flujo de tesorería y lo que necesitaba para fabricar y pagar las facturas. En pocas palabras, cuanto más vendía, más hondo se hacía el pozo en el que había caído.

El segundo problema fue que viendo que cada mes tenía problemas para pagar los gastos de las tarjetas de crédito, debería haber entendido que algo estaba pasando y buscar ayuda. Una pequeña empresa que solo consigue pagar los gastos mínimos cada mes no conseguirá salir del hoyo. Nunca. ¡Jamás de los jamases! Los pagos mínimos con tarjetas de crédito nunca cubren toda la deuda de interés, y mucho menos una parte del préstamo original o capital. Si la empresa no puede permitirse pagar completamente los gastos de las tarjetas de crédito cada mes, no puede permitirse las compras. Estos consejos no son populares, pero aluden a realidades incontrovertibles y seguirlos impedirá que su empresa caiga en un punto sin retorno.

No tengo ni idea de quién era el contable de aquel hombre, pero me horroriza pensar que un contable público certificado pudiera firmar una gestión de la línea de crédito tan destructiva durante más de nueve años sin decir nada para evitar que aquella situación llegara donde llegó. Y sí, aquella empresa acabó declarando la bancarrota.

Las líneas de crédito no son para los pusilánimes. Deberían usarse con moderación y solo por periodos breves cuando se sabe que va a haber entradas de efectivo. Si la empresa tiene que comprar tiempo porque hay un retraso significativo entre el momento en que hay que realizar pagos y la entrada prevista de efectivo, entonces hay que negociar una línea de crédito con el banco, no usar tarjetas de crédito.

Los índices de interés de una línea de crédito bancaria serán mucho más favorables que los de las tarjetas de crédito. ¿Son más convenientes las tarjetas de crédito? Sí. ¿Requiere más esfuerzo solicitar una línea de crédito bancaria? ¡Sin lugar a dudas! No obstante, este mayor esfuerzo del principio ahorrará mucho efectivo a la empresa, y si se lleva a cabo correctamente, puede establecerla sobre un sólido fundamento sin perder solidez financiera. En el capítulo 8 le daré un punto de vista informado sobre cómo gestionar la relación con el banco para que conseguir una línea de crédito no parezca una tortura, y aprenderá a evitar los errores cometidos por otros pequeños empresarios al solicitar una línea de crédito.

Una última cosa sobre el pasivo circulante: si la empresa tiene personal de plena dedicación o a media jornada, puede que en el balance general haya otro apartado llamado **cuenta de nóminas**. Es el dinero que los empleados ya han ganado pero la empresa todavía no les ha pagado. Lo digo solo para que sepa lo que significa por si alguna vez aparece.

### Pasivo a largo plazo

Las hipotecas y bonos están en la categoría de pasivo a largo plazo.

Las **hipotecas** son el pasivo a largo plazo por excelencia, que se paga con elevadas cantidades de intereses durante varias décadas. A medida que se vayan pagando las cuotas mensuales de la hipoteca, que constará de una parte de interés y otra de capital del préstamo, la «hipoteca pendiente» ira disminuyendo en el balance general. (El capital es simplemente el valor del préstamo original menos la suma de capital que se haya devuelto). En otras palabras, a medida que el pasivo se va pagando mes tras mes, en pequeñas cantidades, se reduce la deuda pendiente. El capital o propiedad del edificio sube. Que la empresa deba menos al banco por el edificio significa que posee más de su capital. Es fácil entender esto en términos de una hipoteca personal (mi apartamento de Manhattan, por ejemplo). Cuando nos situamos en el balance general de una empresa puede parecer más complicado, pero es exactamente igual de simple. Su efectivo se reduce al pagar la hipoteca, la línea de su pasivo a largo plazo desciende porque ahora la empresa debe menos hipoteca y, en el otro lado del balance general, el valor de su activo fijo o inmovilizado sube porque ha subido el capital del edificio. Esto es lo que se persigue.

Si el edificio se vende por encima del valor de la hipoteca restante, la hipoteca pendiente puede liquidarse con las ganancias de la venta. Si tiene suerte quedará algún dinero.

Un **bono** es un instrumento de deuda que formaliza un préstamo entre un prestador y un prestatario. Cada bono especificará la cantidad debida y las condiciones de pago del préstamo en cuestión. Para el prestador, un bono es un activo (una cuenta por cobrar) y para el prestatario, un pasivo (una cuenta a pagar). Los bonos suelen ser instrumentos de deuda a largo plazo, avalados normalmente por garantías subsidiarias en caso de que el prestatario no pague el préstamo. Rara vez encontrará una línea de «bonos a pagar» en el balance general de una pequeña empresa. Sepa simplemente lo que es en caso de que aparezca.

## La cuenta de capital

Puede que oiga hablar de la cuenta de capital como **capital social**. Quienes usan esta expresión se refieren a lo mismo; este número aparece siempre en la zona derecha del balance general. Aunque la cuenta de capital se consigna con el pasivo, no es un pasivo; es simplemente lo que queda cuando el pasivo se ha deducido del activo (lo que queda tras descontar lo que debe la empresa de lo que posee). Esta sección consta de inversiones de capital y ganancias retenidas (que son los beneficios netos acumulados menos los repartos que se hayan realizado).

### Inversiones de capital

Si un empresario invierte capital en una empresa, algo que casi siempre sucede en sus comienzos, este capital aparecerá, en la cuenta de capital, como una **inversión de capital**. Aquí es donde aparecen los 30.000 dólares de capital inicial que usted ahorró (y le prestaron sus padres) y los 5.000 de su marido. Estas inversiones de efectivo incrementarán también el activo circulante del balance general. Inicialmente suben tanto el efectivo como la cuenta de capital, de modo que la balanza permanece equilibrada. La Figura 7–5 muestra la sección de la cuenta de capital de un balance general.

### Ganancias retenidas

Si usted añade todos los beneficios netos que ha generado la empresa desde el comienzo y deduce después los dividendos o retiradas de dinero del propietario o de algún inversor (ver más adelante), tendrá las **ganancias retenidas**. Las ganancias retenidas son acumulativas, y el único lugar donde las verá reflejadas es en la parte derecha del balance general en el apartado de la cuenta de capital. Las ganancias retenidas solo aparecerán si el beneficio neto acumulado es positivo. Ahora sabe cómo determinar esto mirando en el estado de resultados a lo largo del tiempo.

No subraye demasiado las ganancias retenidas. Sepa simplemente lo que son y dónde aparecen en el balance general.

### Cobros de propietarios e inversores

Hay otra línea que puede aparecer en el apartado de la cuenta de capital. Los propietarios de empresas estructuradas como sociedades unipersonales pueden pagarse legalmente a sí mismos tomando dinero de la empresa, no en concepto de salario sino como

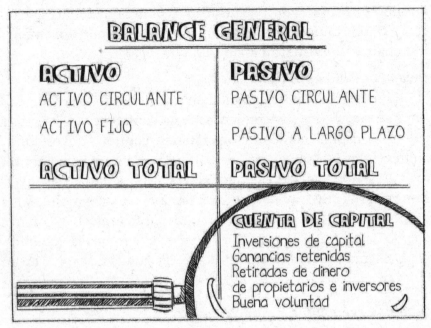

FIGURA 7–5

**cobro de propietario o inversor**. Los propietarios declaran estas cantidades como beneficios y pagan impuestos, de manera que pueden sacar la cantidad que decidan. Si la empresa no tiene unos ingresos netos previsibles, los propietarios pueden decidir retirar dinero del balance general en lugar de obligar a la empresa a que les pague un salario mensual constante que aparecería en la sección «Ventas, general y administrativa» del estado de resultados.

### Fondo de comercio

En la sección de la cuenta de capital del balance general verá de vez en cuando algo llamado «fondo de comercio». El **fondo de comercio** tiene que ver con el valor monetario de la marca comercial. Si una empresa como Apple, por ejemplo, consigue crear una marca tan cautivadora que sus productos se venden por el mero hecho de que llevan su marca, se dice entonces que esta empresa tiene valor de marca. Vernon Hill, el genio que lanzó Commerce

Bank en Estados Unidos y Metro Bank en el Reino Unido, dice que cuando se consuma la unidad entre empresa y cliente tenemos una marca emocional. Este tipo de marcas tienen seguidores fanáticos e incondicionales. Las marcas emocionales tienen valor monetario.

Como director de una pequeña empresa, usted posiblemente no tiene valor de marca. No se preocupe; solo quiero que si encuentra este concepto en el balance general de una sociedad cotizada sepa lo que significa.

* * *

El balance general es maravilloso porque revela muchas cuestiones ocultas que no se muestran en el estado de resultados ni en el de la tesorería, como las cuentas por cobrar, el activo fijo y circulante, las cuentas por pagar, el pasivo a largo plazo y la cuenta de capital. Es también útil para recoger el rendimiento acumulado de la empresa desde el comienzo. En contraste, los estados de resultados y de la tesorería revelan normalmente totales mensuales o anuales.

El balance general permite visualizar fácilmente el total del activo y del pasivo. Es fácil ver vínculos entre el activo y el pasivo circulante y saber si la empresa puede cubrir sus necesidades inmediatas de efectivo en los siguientes 12 meses. El estado de la tesorería nos ayuda con estas cosas, pero el balance general nos ofrece la imagen más completa. ¿No es también reconfortante saber que la empresa que usted gestiona puede tener un valor mucho más elevado que el residual de sus escritorios y ordenadores? Es posible construir un verdadero capital dentro del valor de un negocio que en última instancia puede vender, esperemos que con una prima, a otro emprendedor que quiere hacer que la empresa siga prosperando. Recuerde que la propia empresa puede ser un activo si el balance general es fuerte y la cuenta de capital está creciendo. Cualquier prestador o inversor se sentirá atraído por un balance general así. Es la versión para *Reader's Digest* del negocio. En el capítulo 8 daremos una mirada a la parte administrativa de una oficina bancaria y veremos cómo piensan y con qué ojos mirarán su balance general. La mayoría de pequeños empresarios no tienen ni idea de cómo optimizar sus relaciones bancarias. Cuando acabe este libro, usted no será uno de ellos.

## INSTRUMENTOS CLAVE

▶ El balance general refleja los efectos acumulados de las operaciones comerciales en una instantánea. Es una forma eficiente de ver los efectos acumulados en el tiempo de las operaciones comerciales en el desarrollo del patrimonio de la empresa.

▶ Use cualquiera de las siguientes fórmulas para determinar el activo neto de una empresa:

Activo = Pasivo + Cuenta de capital

Activo – Pasivo = Cuenta de capital

▶ La zona izquierda del balance general muestra el activo circulante —efectivo, cuentas por cobrar e inventario— y el activo fijo —terrenos, edificios, equipo, muebles y ordenadores—.

▶ El total del activo se calcula sumando los valores del activo circulante y el activo fijo.

▶ La zona derecha del balance general muestra el pasivo circulante —cuentas por pagar, pagarés cancelables, pagos de líneas de crédito y cuenta de nóminas— y el pasivo a largo plazo —hipotecas u otras deudas con un plazo superior a los 12 meses—.

▶ El total del pasivo se calcula sumando los valores del pasivo circulante y el pasivo a largo plazo.

▶ La cuenta de capital (el activo neto) consiste en la inversión del propietario en la empresa y las ganancias retenidas (los beneficios netos acumulados que se han reinvertido en la empresa) menos el dinero que el propietario o los inversores hayan retirado.

# CAPÍTULO 8

# El balance general en acción

Cómo ganar amigos e influir en los banqueros

A lo largo de este libro le he estado enseñando a construir una «empresa en funcionamiento», un término del ámbito de la contabilidad que los contables públicos y los banqueros utilizan para referirse a una empresa rentable y bien gestionada que no está amenazada de bancarrota en el futuro previsible. Una **empresa en funcionamiento** es un negocio autosuficiente con ingresos previsibles, gastos razonables y adecuados niveles de efectivo para pagar las facturas. La meta de todo propietario o director de una pequeña empresa debe ser construir empresas así.

Para que usted pueda construir una empresa en funcionamiento, primero he tenido que enseñarle los elementos de su panel de instrumentos financieros —el estado de resultados, el estado de la tesorería y el balance general—, lo cual le permitirá ver si el negocio que dirige es una empresa en funcionamiento o tiene el potencial de serlo.

El balance general nos ofrece una información decisiva para ello. En este capítulo quiero explicarle lo que les sucede al activo, al pasivo y a la cuenta de capital cuando usted aplica los consejos de capítulos anteriores al negocio que dirige, e introducirle a algunos índices clave que miran los banqueros y que indican si los niveles de deuda de una empresa son manejables o están entrando en una zona de peligro y se deben tomar medidas con rapidez.

Lo bueno del balance general es que capta los resultados de *todas* las actividades de la gestión empresarial desde el día en que su empresa abrió las puertas. Por ello a los banqueros les gusta tanto, y lo primero que hacen cuando una empresa solicita una línea de crédito o un préstamo a largo plazo es analizar con detalle el balance general. Y de eso trata este capítulo: de cómo puede conseguir que un banco le conceda un préstamo empresarial.

Ahora aprenderá a pensar como un banquero. Esto mejorará radicalmente las posibilidades de que le concedan una línea de crédito o un préstamo a largo plazo.

Toda pequeña empresa necesita una sólida relación bancaria, por ello es importante convertir a su banquero en un socio estratégico del éxito de la empresa —quizás no su nuevo mejor amigo para siempre, pero sí un aliado—. ¡Lo crea o no, su banquero está de su lado!

He entrevistado a algunos banqueros muy veteranos para conocer su punto de vista, y este capítulo le dará una exclusiva interna.

## LO QUE REVELAN LAS CIFRAS DEL BALANCE GENERAL

Le introduje al balance general en el capítulo 7, y aquí lo tenemos de nuevo. Esta vez profundizaremos más en lo que significan las cifras del balance general. Veamos, pues, lo que está sucediendo en la empresa XYZ (ver Figura 8–1). Como sabe ahora, solo existen tres categorías principales: activo (circulante y fijo), pasivo (circulante y a largo plazo) y cuenta de capital. Hemos añadido valores numéricos para cada uno, para que pueda ver claramente la relación que existe entre ellos.

**Balance general de la empresa XYZ**

| Activo | | Pasivo | |
|---|---|---|---|
| **Activo circulante** | | **Pasivo circulante** | |
| Efectivo | 110.000 dólares | Cuentas a pagar | 9.000 dólares |
| Inventario | 5.000 dólares | Línea de crédito | 1.000 dólares |
| Cuentas por cobrar | 5.000 dólares | | |
| **Activo fijo** | | **Pasivo a largo plazo** | |
| PPE | 100.000 dólares | Hipotecas | 50.000 dólares |
| Menos: depreciación acumulada | (20.000 dólares) | | |
| **Total activo** | **200.000 dólares** | **Total pasivo** | **60.000 dólares** |
| | | **Cuenta de capital** | |
| | | Ganancias retenidas | 60.000 dólares |
| | | Inversiones de capital | 80.000 dólares |
| | | **Total pasivo y capital** | **200.000 dólares** |

FIGURA 8–1

Observe, en primer lugar, el activo circulante, concretamente, la tesorería de la empresa. Este representa la mitad del valor de todos los activos. XYZ tiene una gran tesorería (110.000 dólares). Este dinero está disponible ahora mismo para pagar facturas o hacer crecer el negocio. Es el activo más líquido que tiene la empresa. Pero la tesorería no nos dice todo lo que necesitamos saber sobre la salud de XYZ. Hemos de saber si, de ser necesario, todo el activo circulante junto podría cubrir el pasivo circulante. Si sumamos los 110.000 dólares en efectivo y los 10.000 en inventario y cuentas por cobrar, el total de activo circulante es de 120.000. Se trata de efectivo o convertible en efectivo en un plazo de 12 meses.

Fíjese ahora en el pasivo circulante. Se trata de obligaciones que la empresa tiene que pagar en un plazo de 12 meses. En este apartado hay dos categorías: cuentas a pagar y línea de crédito. Estas suman un total de 10.000 dólares en pasivo circulante. Todos los bancos querrán saber si XYZ tiene una cantidad adecuada de **capital circulante** o fondo de operaciones (activo circulante menos pasivo circulante) para cubrir el pasivo circulante.

Hemos calculado que el activo circulante es de 120.000 dólares y el pasivo circulante de 10.000, de modo que la empresa cuenta con 110.000 dólares de capital circulante para mantener la actividad. Se trata de una posición fuerte y satisfactoria para la empresa. XYZ puede amortizar la hipoteca y el pasivo circulante solo con el efectivo que tiene en el banco y le quedan todavía 50.000 dólares. No obstante, el inventario parece un poco bajo, por lo que es posible que parte del efectivo se use para generar inventario en el futuro inmediato. La buena noticia es que, con una tesorería tan saludable, es probable que XYZ no tenga que contraer ninguna deuda para comprar este inventario.

El riesgo de que esta empresa no pueda pagar sus gastos y satisfacer su pasivo parece muy bajo. Sabemos que quienes gestionan esta empresa no han asumido una deuda mayor de la que la empresa puede devolver de forma fácil y segura.

Si queremos saber cuál es la cuenta de capital o el activo neto de esta empresa, podemos hacerlo de dos formas: la primera consiste en sumar las ganancias retenidas y las inversiones de capital, que suman 140.000 dólares.

Cuenta de capital = Ganancias retenidas + Inversiones de capital
Cuenta de capital = 60.000 dólares + 80.000 dólares = 140.000 dólares

La segunda forma de calcular esta cifra es igual de fácil; se trata simplemente de deducir el pasivo total del activo total. No hay sorpresas, llegamos al mismo número: 140.000 dólares.

Total activo – Total pasivo = Cuenta de capital
200.000 dólares – 60.000 dólares = 140.000 dólares

Tenga en cuenta que si abre un libro de contabilidad puede encontrar esta misma ecuación en una versión distinta, que se muestra a continuación (puede que la recuerde del capítulo anterior). Como puede ver, para aislar la cuenta de capital hemos sustraído el valor del pasivo total de ambos extremos de la ecuación para encontrar el valor de la cuenta de capital:

Total activo = Total pasivo + Cuenta de capital
200.000 dólares = 60.000 dólares + Cuenta de capital
200.000 dólares – 60.000 dólares = 140.000 dólares

En el capítulo 7, cuando hablamos de la ecuación Activo = Pasivo + Cuenta de capital (y sus variaciones), la palabra «total» estaba implícita. Matemáticamente, todas estas ecuaciones son iguales.

## CÓMO MEJORAR EL BALANCE GENERAL

Lamentablemente, la mayoría de pequeños empresarios no tienen un balance general que se parezca ni de lejos al de XYZ. Así pues, ahora que entiende mejor la importancia del balance general, permítame ciertas sugerencias sobre cómo mejorar el suyo.

Para reforzar el balance general debe o bien incrementar más rápido el activo que el pasivo, o simplemente reducir el pasivo con la misma base del activo. Estas son tres de las ideas más importantes que aprendió en los capítulos anteriores y que le ayudarán a mejorar el balance general.

## Suba el margen bruto hasta un mínimo del 30 %

Si puede elevar su margen bruto actual hasta el 30 % o más, la empresa alcanzará más rápidamente el punto de equilibrio y necesitará menos efectivo de préstamos para hacer crecer el negocio. La prima que consigue la empresa entre el precio de venta y el COGS es mayor, de forma que cuando un cliente paga una factura pendiente, la cuenta por cobrar se convierte en un pago en efectivo con un margen bruto más elevado. Este nuevo y más elevado margen bruto se convierte en más efectivo para la empresa, y el balance general tendrá un aspecto mejor.

Es también más fácil financiar la compra de nuevo inventario con el efectivo generado por el propio negocio en lugar de tener que pedir un préstamo para cubrirlo. Así pues, cuando se eleva el margen bruto, el efectivo sube con cada venta. Si la facturación y el proceso de recaudación de la empresa están organizados, entonces este margen bruto más elevado asegurado en cuentas por cobrar se convierte en más cantidad de efectivo, que entra con más frecuencia y mucho más rápido.

## Facture en su momento y gestione el proceso de recaudación

Si lo hace como una disciplina semanal, la cantidad de efectivo de que dispondrá la empresa en el apartado de activo del balance general será más elevada. Esto significa que la empresa genera más efectivo por sí misma y necesita menos de préstamos o inversores externos.

Se incrementará el efectivo que tiene en el banco, las cuentas por cobrar se reducirán y —al menos en teoría— necesitará menos dinero procedente de líneas de crédito para gestionar la empresa. Y a medida que la línea de crédito (en el pasivo) se reduzca, la cuenta de capital se incrementará. Las cuentas por cobrar se reducen cuando los clientes pagan lo que deben a la empresa, pero el efectivo aumenta en la misma cantidad, de modo que, aunque el activo circulante sea el mismo, a medida que el pasivo se reduce, sube la cuenta de capital. Esto es lo deseable.

### Mantenga los gastos lo más bajos posible durante el mayor tiempo posible

Mantener los gastos bajos también ayuda a la empresa a alcanzar más rápidamente el punto de equilibrio y la autosuficiencia. Con el nuevo margen bruto mínimo del 30 %, los ingresos netos cubren todos los gastos fijos y variables, y nuevamente debería haber poca necesidad de fuentes externas de financiación para gestionar la empresa si los clientes pagan lo que deben. Mantener los gastos bajos permite mantener a raya el pasivo circulante e incrementar la cuenta de capital, siempre que el activo se mantenga igual. Si el activo sube y el pasivo baja, la empresa se estará acercando al nirvana.

## CÓMO EVALÚAN LOS BANCOS A LAS EMPRESAS

Cuando lleva su vehículo a una revisión, el mecánico siempre comprueba rutinariamente que determinados indicadores clave funcionan debidamente. El banco hace lo mismo cuando analiza a una empresa que solicita un préstamo. Una superestrella del ámbito bancario, que pidió que su identidad se mantuviera en secreto, explicó el proceso de evaluación que siguen sus agentes de crédito antes de que el banco apruebe un crédito para una pequeña empresa.

Este es el procedimiento paso a paso:

- *El banco hace la prueba para ver si la empresa es un negocio que funciona.* La prueba clave que nos dice si una empresa funciona o no correctamente es si tiene o no una base estable de clientes fieles y una rentabilidad y flujo de tesorería previsibles. En primer lugar, el banco mirará el estado de resultados de la empresa durante al menos un año, quizás dos, desglosándolo por meses. Quiere ver si la empresa tiene o no beneficios. Ahora que ha leído los tres primeros capítulos de este libro, usted también sabe cómo averiguarlo.

- *El banco mira después el porcentaje de margen neto,* que es simplemente la cifra de beneficios netos dividida por los ingresos netos y multiplicada por 100. Usted encontrará también los beneficios netos (resultado neto) y los ingresos netos (línea superior) en el estado de resultados. Cuando dividimos la cifra de beneficios netos por la de ingresos netos descubrimos cuánto de cada dólar que ingresamos llega hasta el resultado neto como beneficio. ¿Recuerda lo que dijimos de que para un pequeño supermercado normal el porcentaje de margen neto era solo del 2 %? Bien, cada sector tiene sus normas sobre el porcentaje de margen neto y usted debería saber cuál es la norma en el suyo. Esto le convierte en un informado cliente bancario. Si el porcentaje de margen neto de la pequeña empresa que dirige es superior al promedio de su sector, su solicitud gana puntos con cualquier banquero. (En este enlace puede realizar una consulta rápida: http://pages. stern.nyu.edu/~adamodar/New_Home_Page/datafile/ margin.html. No le garantizo que su sector aparezca exactamente como usted lo concibe, pero es una lista bastante completa).

- *A continuación, el banco echará un vistazo al margen bruto para ver si es adecuado para cubrir los gastos fijos y variables.* Como recordará, todos los gastos, incluidos los intereses de la deuda tanto a corto como a largo plazo, se pagan a partir del margen bruto. Esto también aparece en el estado de resultados, en el apartado de gastos variables. Si su margen bruto es del 30 % o más elevado, el banco concluirá probablemente que ha fijado correctamente el precio de sus productos y ejercido un buen control de los costes variables directos (COGS). En el capítulo 3 hemos explorado en profundidad lo que hay que hacer para elevar el margen bruto si su empresa no ha llegado todavía al índice adecuado.

- *El banco también quiere saber si los ingresos seguirán creciendo o van a disminuir.* Revisar la calidad de su base de clientes será un dato importante para responder esta pregunta. En el capítulo 5 comparamos las bases de clientes de las empresas Maquinaria de Jane y Maquinaria de Joe. Uno de los negocios tenía una base de clientes diversificada, el otro no. El banco mirará también los hábitos de compra de los clientes. Pídale a su contable que le prepare un informe que refleje el porcentaje de clientes que llevan con la empresa un mínimo de dos años y el de los que acaban de iniciar la relación comercial con la empresa en este mismo año natural. ¿Compran sus clientes de forma habitual y permanecen con su empresa a largo plazo? El banquero sabe que la fidelidad de los clientes impulsa nuevas compras y la llegada de nuevos clientes. Esto genera ingresos netos. Una serie de estados de resultados que reflejen un crecimiento de los ingresos netos inspira en el banco confianza en su futuro.

- *El banco analizará la medida en que la empresa es capaz de convertir las facturas pendientes en efectivo.* Los datos que ofrece el estado de la tesorería serán importantes para esta cuestión. El banco mirará el ciclo de flujo de efectivo de la empresa, que comentamos en el capítulo 5. El ciclo de efectivo traza el lapso entre el momento en que la empresa debe pagar sus facturas y el tiempo en que los clientes pagan a la empresa. Mi jefe en el banco se refería a esto como «financiar el lapso cuentas por cobrar/cuentas por pagar». El banco quiere ver cuál es su eficiencia en la recaudación del dinero que se debe a la empresa. Por ello hemos pasado tanto tiempo, en el capítulo 6, hablando de técnicas fáciles para llevar a cabo este trabajo.

- *El banco se fijará en la cifra del capital circulante.* Mirará el balance general para comparar el activo con el pasivo y determinar si la empresa tiene potencial para pagar los intereses y capital de otras deudas, actuales o a largo plazo, como hemos hecho nosotros en el caso de la empresa XYZ. Deducirá el inventario del activo circulante y verá si la mayoría del activo líquido, es decir, el efectivo y las cuentas por cobrar, dan para cubrir el pasivo circulante. Es una forma de comprobación «qué sucedería si» que ayuda al banco a determinar si, en el peor de los casos, la empresa sería capaz de cumplir con sus obligaciones aunque el inventario no pudiera convertirse en ingresos netos y, finalmente, en efectivo.

- *Por último, el banco analizará cuidadosamente a los actores clave de la empresa.* Querrá conocer la historia y trasfondo de quienes dirigen la marcha diaria de la empresa. La competencia técnica, años de experiencia y antigüedad en la empresa son cuestiones que cuentan favorablemente cuando se solicita cualquier tipo de préstamo bancario. Los bancos saben que los equipos que han trabajado juntos durante años acaban teniendo más éxito en la gestión de negocios rentables.

## DURACIÓN DE LOS PRÉSTAMOS Y PAPEL
## DE LAS GARANTÍAS SUBSIDIARIAS

Los banqueros son pragmáticos. Quieren saber cómo y cuándo se devolverá el préstamo y con qué garantías subsidiarias cuentan —en el supuesto caso de que la empresa quiebre— que puedan convertirse en líquido (venderse) para pagar el préstamo. Facilite al banquero la aprobación de su solicitud.

### Ajuste la vida probable del activo con el término del préstamo

Si tiene que financiar un activo circulante —la creación de inventario, por ejemplo— puede financiarlo con un pasivo circulante, es decir, un préstamo a corto plazo, como por ejemplo una línea de crédito bancario. Otra opción de préstamo a corto plazo es solicitar un crédito del proveedor que fabrica el inventario (pero normalmente deberá tener una relación sólida y bien establecida con él para que esta opción sea posible). En cualquier caso, esta línea de crédito aparecería en la línea de cuentas por pagar del balance general. Esta lógica para la financiación de activos a corto plazo se aplica también a los activos a largo plazo. Si usted compra un edificio con unos 30 años de vida útil, debería financiarlo con una hipoteca a largo plazo. Esto aparecerá en el balance general como un pasivo a largo plazo.

## Las garantías subsidiarias lubrican la maquinaria

Si usted tiene ya un pedido firmado por un cliente que quiere comprar el inventario en cuestión, será mucho más fácil que un banco o proveedor le concedan un préstamo. Cuando dirigía Bedazzled, Inc., fui a un banco a solicitar un préstamo para la Gestión de Pequeñas Empresas con un pedido de compra de un acreditado vendedor local en la mano. Aquello reducía el riesgo para el banco de forma muy significativa. El pedido se convierte en una **garantía subsidiaria** contra la deuda a corto plazo.

Las garantías subsidiarias son algo convertible en efectivo, en este caso una cuenta por cobrar, como garantía del préstamo. Pueden liquidarse en caso de que la empresa incumpla el pago del préstamo. Si la empresa que obtiene el préstamo no puede devolverlo, el prestador puede vender la cuenta por cobrar para recuperar parte o todo el capital restante del préstamo. Mantener un balance general fuerte donde el activo sea mayor que el pasivo siempre hará más fácil la negociación con el banco.

## OCHO MITOS SOBRE EL TRATO CON LOS BANCOS

La afirmación que más me sorprendió de mi experto en asuntos bancarios fue que los directores de pequeñas empresas, incluso de algunas multimillonarias, pueden ser asombrosamente ingenuos en su trato con los bancos. Asegurémonos de que usted está en el grupo de los sensatos. A continuación, mencionaré ocho mitos que profesan muchos directores de pequeñas empresas seguidos por la verdad desde la óptica de nuestro experto bancario.

**Mito 1:** *El banco solo debe saber que mi empresa necesita capital circulante. Siempre que mi balance general sea fuerte, al banco no le importa cómo use la empresa el dinero del préstamo.*

> **Verdad 1:** No es cierto. El banco le preguntará concretamente cómo pretende utilizar el dinero del préstamo se trate o no de un préstamo a corto plazo. La respuesta a esta pregunta debe ser juiciosa. Si no lo es, el banco completará las zonas grises con suposiciones negativas. Los banqueros son pesimistas institucionalizados. ¿Necesita el dinero para generar inventario? A esto se le llama «financiación de la cadena de distribución». ¿Tiene que financiar las nóminas mientras la empresa recauda pagos de clientes que le deben dinero? A esto se le llama «financiación de nóminas». ¿Tiene que invertir en infraestructuras para poder crecer? A esto se le llama «financiación de capitalización». ¿Por qué es importante el propósito del préstamo? Porque el objeto de financiación de la empresa determinará los términos del préstamo. Es importante que tenga muy claro para qué necesita el dinero la empresa y cómo fortalecerá su balance general el préstamo solicitado, es decir, cómo ayudará a hacer crecer su activo.

**Mito 2:** *Todos los préstamos bancarios son iguales.*

> **Verdad 2:** Usted sabía que esto no era cierto. Mi fuente hablaba de líneas de crédito renovables que deben devolverse cada 30 días. Son como tarjetas de débito diferido pero con un índice de interés inferior. Una vez el préstamo se ha devuelto, la línea de crédito vuelve a estar a disposición de la empresa (pero solo transcurridos otros 30 días sin usar la línea de crédito). Otros préstamos como, por ejemplo,

para la compra o renovación de espacio de oficinas, pueden tener términos más extensos con plazos de pagos e
índices de interés totalmente distintos. Estos préstamos
funcionan más como créditos hipotecarios, aunque suelen tener una duración más corta y un interés más elevado
porque se les relaciona con un riesgo mayor.

**Mito 3:** *Una vez se aprueba el préstamo, al banco no le importa lo que suceda siempre que la empresa pague sus cuotas.*

**Verdad 3:** Una vez que un banco tramita un préstamo, se
convierte en socio silencioso de la empresa. Los socios
siempre quieren saber cómo va al negocio. En primer lugar, ¿sabe todos aquellos requisitos que la empresa tuvo
que cumplir para obtener el préstamo? El banco quiere
asegurarse de que todos los datos financieros siguen siendo fuertes pasado un tiempo. La obligación de la empresa
no termina con el pago de los intereses y capital del préstamo. Naturalmente se espera esto. El banco requerirá
también la revisión trimestral y anual de los datos financieros de la empresa. Esté preparado para esto.

**Mito 4:** *La empresa funciona como una entidad distinta de la vida personal del propietario, por lo que al banco no le importa cuál sea el balance general del propietario de la empresa.*

**Verdad 4:** No es cierto. El banco tiene un punto de vista
integral de los propietarios y administradores de las pequeñas empresas. Esto significa que, aunque la empresa
pueda funcionar como una entidad legal distinta, el banco
puede pedir garantías personales de garantías subsidiarias
privadas (su casa, su primogénito, las joyas de su esposa,
su vehículo) para concederle el préstamo a su empresa.
Si el propietario de una empresa es un médico, dentista o
abogado, esto es bastante común.

***Mito 5:*** *Aunque la empresa muestre pérdidas, el banco concede-rá el préstamo si el flujo de tesorería es positivo.*

> **Verdad 5:** Buen intento, pero no. Si el director de la peque-ña empresa está intentando reducir impuestos mostrando pérdidas en el estado de resultados, esto será un problema cuando solicite un préstamo en un banco. Es importan-te mostrar flujo de tesorería y beneficios. Si usted pide un préstamo de 1 dólar, el banco quiere que presente unos beneficios netos de al menos 1,35 dólares para demostrar que puede cubrir el préstamo en una coyuntura económi-ca débil y reducir el riesgo de incumplimiento de présta-mo. El reto aquí es el tira y afloja con Hacienda (el autor alude específicamente al Servicio Fiscal Interno estadou-nidense, IRS por sus siglas en inglés. N. del T.). Algunos propietarios de pequeñas empresas intentan hacer frente a los gastos reduciendo los beneficios para poder pagar menos impuestos (y esto puede ser perfectamente legal). Recordemos simplemente que las estrategias de reduc-ción de impuestos a corto plazo pueden volverse contra la empresa si esta quiere solicitar un préstamo a un banco o si usted quiere finalmente ponerla en venta.

***Mito 6:*** *El banco no mira las ganancias retenidas en el balance general.*

> **Verdad 6:** Las ganancias retenidas son una de las cifras que los prestadores analizan en detalle. Estas ganan-cias se consignan en el apartado de la cuenta de capital del balance general. Conecta el estado de resultados con el balance general porque esta cifra refleja los beneficios netos acumulados que la empresa ha generado desde su comienzo. Los directores de pequeñas empresas pueden decidir retener el resultado neto —los beneficios— de la

empresa o distribuirlo. No obstante, distribuir todas las ganancias en lugar de reservar una parte de ellas (como ganancias retenidas) para la futura expansión de la empresa sería un problema. Una vez más se aplica el índice de 1,00/1,35. Permita que este índice le sirva de guía sobre qué porcentaje de los beneficios de la empresa deberían distribuirse al final del año. Si está planeando solicitar un préstamo más adelante, reserve la mayor cantidad posible de efectivo y ganancias retenidas en la empresa antes de presentar la solicitud. Y sepa que un requisito común de los prestatarios comerciales es que la empresa mantenga el efectivo y las ganancias retenidas en el balance general durante al menos 90 días tras la recepción del producto del préstamo. El reparto de beneficios entre los propietarios es perfectamente legal, pero si usted deja a la empresa sin efectivo, el banco no le concederá el préstamo.

**Mito 7:** *Al banco solo le interesa su relación con mi empresa.*

**Verdad 7:** Al banco le preocupan casi *todas* sus necesidades bancarias. Si usted tiene cuentas personales de volumen considerable en otra entidad y se ofrece a trasladarlas al banco prestatario, esto puede otorgarle un importante poder negociador cuando solicite un préstamo empresarial.

**Mito 8:** *Si la empresa que dirijo realiza muchas transacciones con el banco, se me considera un gran cliente.*

**Verdad 8:** Su relación con el banco se mide principalmente por la cuantía del saldo que la empresa mantiene en él, no por el número de transacciones que afectan a la cuenta. El banco gana dinero con los depósitos, no solo con las transacciones. Cuanto mayor es el saldo que la empresa mantiene en el banco, más poder negociador tendrá.

Ahora que hemos despejado algunos mitos, permítame ofrecerle dos listas: una de cosas que debe hacer y otra de cosas a evitar. Puede que parezca mucho contenido que procesar, pero se trata de cosas importantes. Seguirlas puede ahorrarle una gran cantidad de tiempo y dinero.

### Cosas que debe hacer cuando trabaja con un banco

- Entienda bien lo que es una «empresa en funcionamiento» y sepa cómo demostrar que la pequeña empresa que dirige lo es.

- Desarrolle una profunda comprensión de su base de clientes. ¿Es una base diversificada, estable y previsible?

- Contrate a un tenedor de libros fuera de serie que refleje fielmente todas las transacciones que se realizan en la empresa semanal y mensualmente. Esta información debe ser rigurosa, oportuna y completa o, de lo contrario, los informes que se basen en ella no reflejarán plenamente lo que realmente está sucediendo en la empresa. Si no sabe cómo encontrar a un buen tenedor de libros, pregúntele a su contable.

- Tenga datos financieros exactos y completos al final de cada mes y año: cuenta de resultados, estado de la tesorería y balance general.

- Asegúrese de tener un balance general personal. Mantenga separada su contabilidad personal y empresarial, pero sepa que, muy posiblemente, el banco considerará sus datos financieros personales y empresariales para tomar una decisión informada sobre la concesión de un préstamo. Incluya su CV para que el banco pueda ver su experiencia.

- Conozca el ciclo económico (el periodo que va entre el momento en que la empresa paga a los proveedores y el que cobra de sus clientes).

- Sepa exactamente la razón por la que solicita el préstamo y cómo utilizará el dinero si este se le concede. Esté bien preparado para explicar cómo devolverá el préstamo.

- Sepa la diferencia entre la financiación del capital circulante en el caso de una empresa en funcionamiento y la del capital inicial de un negocio que no ha alcanzado la consideración de empresa en funcionamiento.

- Esté enterado de en qué momento del año va a necesitar la empresa una línea de crédito y solicítela al menos seis meses antes de que llegue la crisis de liquidez. Lea de nuevo la sección «La forma fácil de presupuestar el efectivo» en el capítulo 5 si se siente confundido.

Hablemos ahora de las cosas a evitar.

## Cosas a evitar cuando trabaja con un banco

- No se pelee con el banco si le debe dinero. El que perderá será usted.

- No asuma que todos los préstamos son para la obtención de «capital circulante». Algunos son para generar inventario, pagar nóminas, etc. Sea específico sobre el propósito del préstamo.

- Ni se le ocurra presentarse en el banco sin aportar cuentas actualizadas (estados de resultados, estados de la tesorería y balance general). Hacerlo empañaría gravemente su credibilidad y puede que no tuviera una segunda oportunidad.

- No utilice las devoluciones de impuestos como sustituto de las cuentas mensuales y anuales. Las devoluciones de impuestos solo ponen de relieve que la empresa declara sus beneficios a efectos fiscales. Esto no es significativo para un prestatario como un banco.

- No presente cuentas incompletas o inexactas. Asegúrese de que su contable las comprueba antes de enviarlas al prestador.

- No contraiga deudas empresariales y personales al mismo tiempo. El banco se interesa por ambas.

- No le pida al banco que preste dinero a su empresa porque usted no hace lo que debe. (¡A que le ha llamado la atención este enunciado!). ¡Muchos pequeños empresarios prefieren pagar interés al banco que ponerse al teléfono y llamar a clientes que les deben dinero! La función del banco no es hacer su trabajo. Lea de nuevo el capítulo 6 para aprender a recaudar el dinero que se le debe a su empresa.

\* \* \*

Gestionar una pequeña empresa no es trabajo para personas apocadas. Hay épocas en la vida de una empresa en que es perfectamente lógico que esta se endeude para extender la base de clientes, contratar a buenos expertos o financiar el flujo de tesorería mientras espera el pago de sus clientes. El balance general tiene la clave para entender si su empresa puede contraer o no más deudas sin ponerse en riesgo. Si el total de activo es el doble del total de pasivo, el balance general es fuerte y la cuenta de capital es positiva. Si el activo circulante es el doble del pasivo circulante, la empresa tiene posiblemente suficiente liquidez para gestionar sus necesidades de efectivo a corto plazo. Si el activo se está incrementando más rápido que el pasivo, el patrimonio neto de la empresa está creciendo. El efecto acumulativo de la dirección de la empresa está dando fruto.

En el próximo capítulo ensamblaremos todo el panel de instrumentos financieros para que usted pueda dirigir su empresa hacia unos beneficios crecientes, un flujo de tesorería mejorado y un incremento de la cuenta de capital. Con lo que hemos visto hasta ahora, usted ya sabe más que la mayoría de pequeños empresarios. ¡Felicidades!

## INSTRUMENTOS CLAVE

▶ El balance general es el informe completo de todo lo que ha sucedido en la empresa hasta el presente. Refleja el estado de la empresa en un determinado momento.

▶ El balance general es una cuenta imprescindible de su panel de instrumentos financieros. En ningún otro lugar se consigna todo el activo, el pasivo y la cuenta de capital.

▶ Un balance general sólido se caracteriza por una fuerte base de activo líquido capaz de cubrir confortablemente el pasivo (las obligaciones de la empresa).

▶ A medida que el margen bruto y el flujo de tesorería mejoran y el total de gastos se mantiene por debajo del punto de equilibrio, el balance general se fortalece y la cuenta de capital mejora. Los prestatarios siempre miran favorablemente los negocios con un balance general fuerte.

▶ Si usted está gestionando una pequeña empresa debe poder disponer del estado de resultados, el estado de la tesorería y el balance general de la empresa de forma mensual y anual. Un buen tenedor de libros puede hacer que esto sea una tarea fácil. No lo aplace.

▶ Pedir un préstamo no es algo negativo. Los negocios bien gestionados se sirven de dinero procedente de préstamos a corto o largo plazo para construir su activo.

▶ Convierta al banco en su socio. El banco quiere, ciertamente, gestionar el riesgo, pero también desea que su pequeña empresa prospere. Aunque el proceso de préstamo puede parecer distinto en cada entidad crediticia, el desarrollo del análisis previo es muy parecido. Ahora no es ya un misterio para usted.

# CAPÍTULO 9

# En conjunto

El panel de instrumentos financieros
en tiempo real

Cuando tenía 16 años estaba impaciente por obtener el permiso de conducir. Representaba una especie de rito de iniciación, la promesa de la adultez y una mayor libertad. Daban igual aquellas horribles fotografías de accidentes que se nos mostraban en las clases de educación viaria para que entendiéramos que conducir entrañaba riesgos. ¡Aquello no iba a sucederme a mí! Yo estaba de vuelta. No era tonta. Era una persona responsable, y mi naturaleza sensata sería suficiente para protegerme. Después de unas décadas y un accidente casi mortal, mis ilusiones desaparecieron. Bastó una pequeña franja de hielo para que una glacial tarde de febrero perdiera el control de unas toneladas de acero pesado desplazándose por la autovía a 90 kilómetros por hora.

Después del accidente supe que tenía que hacer algo o acabaría perdiendo mi confianza al volante, de modo que realicé un curso de manejar de alto rendimiento. Mis compañeros de clase querían aprender a tomar curvas a 150 kilómetros por hora, pero en mi caso, solo deseaba aprender a sobrevivir en cualquier estado de la carretera.

Mis instructores eran pilotos de carreras. Una parte del programa consistía en llevar a los estudiantes en una camioneta de caja larga a una pista deslizante. Durante la demostración del ejercicio, el instructor conducía el vehículo por una cerrada pista circular a 65 kilómetros por hora. La camioneta iba derrapando por toda la pista, (exactamente lo que había sucedido en mi accidente, inmediatamente antes del impacto) y se nos enseñó a controlar el vehículo en aquella situación.

El instructor se dio cuenta de que aquella prueba me estaba afectando y me preguntó si quería seguir. Mi respuesta fue: «Quiero derrapar mil veces, si es necesario, hasta que sepa controlar cualquier clase de derrapaje. Quiero cambiar mis respuestas instintivas en un derrapaje para evitar futuros accidentes. Quiero responder de forma correcta y natural ante cualquier derrapaje». De modo que mientras los demás hacían una pausa para comer, mi instructor y yo practicamos derrapajes una y otra vez sobre aquella pista infernal hasta que, finalmente, mis reacciones comenzaron a ser correctas, con la esperanza de que si alguna vez volvía a verme en aquella situación, respondería de forma más rápida y competente.

He conocido a muchos empresarios que tienen una actitud hacia los negocios parecida a la que yo tenía inicialmente hacia conducir. Ven solo los aspectos atractivos y ninguno de los riesgos, o si los ven, los minimizan mediante suposiciones erróneas. Pero si usted sabe interpretar el panel de instrumentos financieros, está en disposición de tomar mejores decisiones comerciales anticipadas, sean cuales sean las condiciones económicas.

Lo que he intentado hacer en este libro es ayudarle a controlar los derrapajes y riesgos en la dirección de una pequeña empresa. Norm Brodsky, veterano empresario múltiple, escritor y columnista de temas económicos, a quien conocerá en el capítulo 10, estima que más de la mitad de las empresas que quiebran en Estados Unidos lo hacen porque quienes las dirigen no supieron leer los riesgos económicos antes de llegar a un punto sin retorno.

Quiero ahorrarles esta clase de agonía a todos los pequeños empresarios que leen este libro. Igual que mi instructor de manejo me enseñó lo esencial en el aula antes de llevarme a la pista, le he estado instruyendo en los capítulos 1-8. Ha aprendido a manejar cada uno de los indicadores del panel de instrumentos financieros, uno por uno y línea por línea, para poder entender lo que mide cada indicador o cuenta e interpretar su información. Quería que mantuviera la concentración y pudiera tomarse el tiempo necesario con cada idea para entenderla e interiorizarla.

Le he mantenido en el aula —fuera del asfalto, por así decirlo— para enseñarle a interpretar lo que le está diciendo su panel de instrumentos.

Ha llegado el momento de salir a la pista, poner el motor en marcha y ver lo que sucede cuando mueve el volante, pisa el acelerador o acciona el freno. Es tiempo de ver lo que le sucede a cada cuenta del panel de instrumentos financieros a medida que se van realizando las transacciones normales.

## TRANSACCIONES COMERCIALES BÁSICAS

Realmente, hay solo un cierto número de actividades recurrentes que mueven las pequeñas empresas. Aunque los consejeros financieros se ganan muy bien la vida intentando convencer a la gente de lo contrario, las siguientes transacciones, con leves variaciones, cubren posiblemente el 75 % de lo que sucede en la gestión de una pequeña empresa:

- Venta al contado de productos o servicios.

- Venta aplazada de productos o servicios.

- Recaudación de una cuenta por cobrar.

- Pago de un gasto con un cheque o a plazos.

- Pago de un gasto con tarjeta de crédito.

- Firma de un préstamo.

- Devolución de un préstamo.

Veamos lo que le sucede a su panel de instrumentos financieros con cada una de estas actividades.

## Venta al contado de productos o servicios

Cuando usted vende un producto o servicio, se le paga en efectivo o con un equivalente, como una tarjeta de crédito. (Nota: no voy a entrar aquí en cuestiones de descuentos y comisiones de tarjetas de crédito a fin de simplificar las cosas).

### *Lo que sucede en el estado de resultados*

Los ingresos netos aumentan por el importe de la venta, el COGS aumenta por el valor del coste de fabricación, compra o entrega de aquel producto o servicio, y el margen bruto aumenta también, por la diferencia entre ingresos netos y COGS. Tener un margen bruto mayor nos ayuda a respirar un poco más hondo. Si usted obtiene al menos un 45 % de prima sobre el COGS, como hemos comentado en los capítulos 2 y 3, entonces está ganando dinero con cada venta, lo cual es su objetivo. Repitamos una vez más el mantra: *el margen bruto de cualquier producto o servicio debe ser de al menos un 30 % de los ingresos netos o un 45 % superior al coste de los artículos vendidos.*

### Lo que sucede en el estado de la tesorería

Cuando los clientes le pagan al contado, la tesorería mejora. Toda entrada o salida de efectivo debe reflejarse siempre en el estado de la tesorería en el apartado de entradas o salidas de efectivo. En este caso, las entradas de efectivo aumentan tan pronto como se realiza el pago. Cuanto más rápido entra el efectivo en el negocio, más fácil le será pagar sus facturas. ¡Eso me encanta!

### Lo que sucede en el balance general

Las tres líneas que cambiarán posiblemente en el balance general como consecuencia de esta venta en efectivo son el efectivo (activo circulante), el inventario (activo circulante) y, potencialmente, la cuenta de capital.

El efectivo es un activo circulante, por lo que cada vez que cambia su cifra en el estado de la tesorería, esta cambiará también en el balance general. Si usted dirige un negocio basado en el efectivo, como una heladería, cada venta se realizará probablemente en efectivo, de manera que con el aumento de los ingresos netos, aumentará también el estado de la tesorería y el balance general. Puesto que trabaja con un margen bruto positivo (que se refleja en el estado de resultados) cada vez que vende un cucurucho de helado, el balance general mostrará un incremento, tanto en el activo circulante como en la cuenta de capital, igual al valor del margen bruto de la venta.

Las cuentas por cobrar no cambian porque el producto se pagó en aquel mismo momento (afortunadamente no habrá que preocuparse por recaudar facturas pendientes).

Otra línea que reflejará un cambio en el balance general es el inventario. Recuerde lo que dijimos en el capítulo 6 en el sentido de que el inventario se considera un activo circulante porque puede convertirse en efectivo antes de 12 meses. Antes de una venta, el único lugar que reflejará el valor de dicho inventario es el balance general en el apartado de activo circulante, en la línea del inventario, tasado por lo que usted ha pagado por él, como precio de coste (COGS). No obstante, tan pronto como se haya vendido una parte del inventario, la línea correspondiente en el balance general se reducirá porque el cliente se ha llevado el producto. El inventario se reduce, pero usted vendió el helado con un determinado beneficio. Si sigue vendiendo sus productos —y los beneficios son de al menos el COGS más un 45 %— estará construyendo una empresa en funcionamiento.

Si usted *compra* el helado según el COGS y mediante pago aplazado y lo vende de inmediato en efectivo, el flujo de tesorería reflejará una situación óptima. ¿Pero qué sucede si es al revés? ¿Qué pasa cuando usted *vende* un producto o servicio mediante pago aplazado?

## Venta aplazada de productos o servicios

Si su empresa ofrece servicios, es muy probable que facture al cliente tras su realización para que este pague más adelante. En el estado de resultados esta transacción se anotará igual que una operación al contado, pero el estado de la tesorería no reflejará la venta hasta que se recaude el dinero con el pago de la factura.

### Lo que sucede en el estado de resultados

La venta se anota en el estado de resultados como ingresos netos ya sea que el cliente pague de inmediato o lo haga dentro de un mes. Como sucedió con la venta de efectivo, tanto el COGS como el margen bruto aumentan. Sin embargo, la empresa tiene que consignar el hecho de que el cliente tiene todavía que pagar esta factura, y esto lo hace en el balance general. Recordemos que el balance general desempeña un importante papel porque refleja todo lo que sucede, tanto cuando se hace la venta como cuando esta se liquida.

### Lo que sucede en el estado de la tesorería

¡Nada! ¡Cero! El estado de la tesorería no muestra ninguna actividad porque el negocio vendió un producto o servicio que cobrará más adelante. No se ha producido intercambio de dinero. El estado de la tesorería está esperando pacientemente.

### Lo que sucede en el balance general

El cliente debe todavía a la empresa el pago de los productos entregados o los servicios prestados. Este pagaré del cliente se refleja en el balance general como activo circulante en el apartado de cuentas por cobrar, cuya cifra aumenta por el valor de la factura pendiente. El inventario, que es también un activo circulante, disminuye por el valor del COGS de los productos vendidos. De todos sus instrumentos financieros, solo el balance general le permitirá ver cuánto dinero se debe a la empresa. La diferencia entre el valor de la correspondiente cuenta por cobrar y el COGS del inventario es el margen bruto que se ha ganado con la venta. El valor de este margen bruto se refleja en el balance general bajo la cuenta de capital.

Por esto es tan importante *recaudar todas las cuentas por cobrar*. Si no lo hace, la empresa debe soportar la carga de pagar el

COGS de los productos enviados sin ningún beneficio de cobro en efectivo o incremento en la cuenta de capital. ¡Esto supone apresurar a la empresa en la dirección errónea!

## Recaudación de una cuenta por cobrar

Después de leer los capítulos 5 y 6, usted entiende que las facturas que los clientes todavía no han pagado se convierten en una cuenta por cobrar de la empresa, y que la recaudación de tales cuentas es sumamente importante.

Cuando Susie le envía el pago de una cuenta pendiente suele hacerlo mediante un cheque o una transferencia. Si tiene elección, pida la transferencia. Tendrá acceso al dinero antes que si tiene que esperar al cobro del cheque.

### Lo que sucede en el estado de resultados
Nada cambia en el estado de resultados cuando usted recauda una cuenta por cobrar. La venta ya se consignó en los ingresos netos cuando se llevó a cabo la venta, no cuando se paga.

### Lo que sucede en el estado de la tesorería
Tan pronto como la transferencia llega a su cuenta o se cobra el cheque de Susie, las entradas de efectivo y el saldo final de efectivo registran un incremento. No es ninguna sorpresa, pero ¡qué bueno ver que acaba de mejorar el flujo de tesorería! Lo importante no es que la cifra haya subido, ¡sino que cuenta con efectivo para hacer frente a sus gastos!

### Lo que sucede en el balance general
En el balance general, el valor del activo circulante total no cambia porque acaba de canjear un activo circulante por otro de igual valor: una cuenta por cobrar por efectivo. Ahora tiene más efectivo para trabajar y sus cuentas por cobrar se han reducido. El negocio tiene más liquidez cuando tiene más efectivo. Esto es lo deseable.

Pago de un gasto con un cheque o a plazos

Siempre que usted paga una factura se considera una operación al contado, ya sea que lo haga mediante cheque, transferencia o con un grasiento fajo de arrugados billetes de dólar. Esto se aplica a cualquier factura, sea de un gasto fijo, como el alquiler o un seguro, o de uno variable, como suministros, publicidad o materia prima.

Digamos, por ejemplo, que la empresa ha pagado el alquiler del mes. Esto es lo que usted verá en su panel de instrumentos financieros tan pronto como se lleve a cabo la transacción.

### Lo que sucede en el estado de resultados

Cuando usted paga una factura, esta aparece como un gasto fijo o variable en el estado de resultados. Los gastos fijos son los mismos, independientemente de cuál sea el volumen de ventas, mientras que los variables tienden a incrementarse con los cambios en volumen de ventas, como recordará probablemente de lo dicho en el capítulo 2. Si su empresa utiliza una contabilidad en valores de caja, este gasto se refleja cuando se paga. Si, por el contrario, utiliza una contabilidad en valores devengados (¿recuerda estas formas de contabilidad comentadas en el capítulo 5?), este gasto se anotará en el mes en que se debe pagar la factura.

### Lo que sucede en el estado de la tesorería

Cuando se paga una factura, las salidas de efectivo aumentan y el saldo final de efectivo se reduce. Simple. No obstante, si la factura ofrece la opción de pago a 30 días (en lugar de decir «pagadero») y usted decide esperar (como hacemos la mayoría), el estado de la tesorería no cambia hasta que se paga la factura.

Espero que todo esto comience a ser natural para usted. De hecho, si la lectura de la mayor parte de este capítulo le parece fácil, significa que yo he hecho mi trabajo y que usted va camino del éxito.

### Lo que sucede en el balance general

¡Deténgase! No lea más. Intente adivinar la respuesta. En serio, anote lo que en este momento son sus informadas suposiciones. ¿Hecho? De acuerdo, ahora puede pasar al párrafo siguiente.

Cuando su empresa paga una factura, el activo circulante se reduce de inmediato (en la línea de efectivo) por la misma cantidad de la factura. Si la empresa hace este pago con posterioridad, normalmente a los 30 días, esta factura se anota como pasivo circulante (en la línea de cuentas a pagar), de forma que el total de su pasivo circulante aumentará en la misma cantidad de la factura. Una vez que se pague la factura, disminuyen un elemento del pasivo circulante (cuentas a pagar) y otro del activo circulante (efectivo) por la cantidad correspondiente a la factura. (Tampoco ahora voy a hablar de descuentos o intereses o recargos por demora). El balance general se equilibra —y la cuenta de capital se queda igual— porque un activo circulante, en este caso efectivo, ha cubierto un pasivo circulante, en este caso una cuenta a pagar.

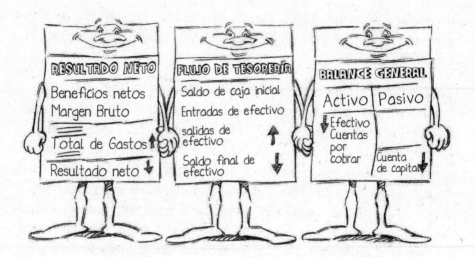

Pago de un gasto con tarjeta de crédito

Si usted paga una factura mediante una tarjeta de crédito, ha generado un pasivo circulante para la empresa. En lugar de deberle al proveedor, pongamos, ahora tiene una deuda con la empresa de la tarjeta de crédito. Lo que realmente ha sucedido es que la empresa de la tarjeta de crédito ha pagado a su proveedor en nombre de su empresa.

### Lo que sucede en el estado de resultados

Ya sea que usted esté utilizando un método de contabilidad en valores de caja o devengados, el estado de resultados muestra los gastos fijos y variables pagados aquel mes. Si el saldo de las tarjetas de crédito no se ha pagado completamente, incurriendo en cargos por intereses en el saldo a pagar, estos cargos aparecen en el apartado de gastos variables en una línea distinta llamada «Gastos por intereses».

Las tarjetas de crédito se usan para muchos tipos de gastos, como *marketing* (almuerzos de negocios), gastos de entretenimiento y viajes, y estos gastos se dividen en partidas que se muestran como pagadas. Esto es muy útil, ya que le obliga a tomar nota de cómo está utilizando la tarjeta de crédito, puesto que no hay una sola línea que lo englobe todo en, por ejemplo, «gastos de la tarjeta de crédito».

### Lo que sucede en el estado de la tesorería

Cuando usted compra un producto o servicio a crédito, no cambia nada en el estado de la tesorería porque no se ha usado efectivo. La empresa de la tarjeta de crédito ha extendido a la empresa un préstamo a corto plazo. No obstante, cuando se pagan las facturas de la tarjeta de crédito las salidas de efectivo aumentan, reduciendo el saldo final de efectivo. El estado de la tesorería también tiene partidas que reflejan lo que se ha pagado y cuándo. También esto facilita el seguimiento de las verdaderas salidas de efectivo y le ayuda a construir el presupuesto de caja para el futuro.

### Lo que sucede en el balance general

El saldo real que se debe en la tarjeta de crédito o en la línea de crédito se refleja en el balance general en el apartado de pasivo circulante en «Pagos de la línea de crédito». Se considera un préstamo pendiente a corto plazo. Mi convicción personal es que las facturas de la tarjeta de crédito deben pagarse completamente cada mes. Puede que otros no lo vean así, pero he descubierto que es una de las formas más importantes para evitar que surjan problemas de deuda.

Cuando se paga la factura de la tarjeta de crédito, se reducen las cantidades en pagos de la línea de crédito en el pasivo circulante y en un activo circulante (efectivo), por la misma cantidad de dicha factura. El balance general permanece equilibrado y la cuenta de capital sigue igual.

La mayor trampa en la que he visto caer a los pequeños empresarios es incrementar su pasivo circulante mediante tarjetas de crédito con demasiada rapidez o en un volumen excesivo. En estos casos, o bien no pueden liquidar todo el saldo mensual o pagan solamente el mínimo. Crece el riesgo de no saldar nunca la deuda, que puede multiplicarse con rapidez por las altas tasas de interés. ¿Se acuerda del pobre hombre del capítulo 7, con una deuda de 400.000 dólares contraída con las cinco tarjetas de crédito de la empresa? No caiga en esta situación. Una palabra para los sabios: no permita nunca que el pasivo circulante, lo que la empresa debe, crezca por encima del activo circulante. Si usted dirige la empresa con esta idea en mente, cosechará el doble beneficio de proteger su salud mental y mantener la solvencia de la empresa.

Una última palabra sobre los pagos con crédito: si se produce un aumento del pasivo circulante sin un incremento igual del activo, la cuenta de capital se reduce. ¡Mala idea! El activo neto de la empresa ha disminuido. Puede que, de vez en cuando y a corto plazo, esto sea asumible, pero esta tendencia descendente en la cuenta de capital debe invertirse lo antes posible. En el apartado del capítulo 8 titulado «Cómo mejorar el balance general» hemos explicado cómo hacerlo.

## Firma de un préstamo

Las tarjetas o las líneas de crédito son un pasivo a corto plazo. Si usted tiene una línea de crédito bancario puede utilizar de muchas formas el dinero de este préstamo. Puede que el banco ponga ciertas restricciones, pero generalmente, las líneas de crédito se utilizan para el pago de proveedores, materias primas y la financiación de periodos entre ventas y cobros. La empresa sigue teniendo cuentas que pagar mientras espera el pago de sus clientes, por esto se habla de «financiación puente de las cuentas por cobrar». Hasta que usted no utilice el dinero para uno u otro propósito, se producen pocos cambios en su panel de instrumentos.

### Lo que sucede en el estado de resultados

Nada cambia en el estado de resultados hasta que se produce el vencimiento del pago de intereses o usted paga el interés del préstamo. Cuando paga este interés, el pago aparece como gastos por intereses. El pago del capital no se considera un gasto y por ello no aparece aquí (hay que ir al balance general para ello).

### Lo que sucede en el estado de la tesorería

El estado de la tesorería recoge la entrada de efectivo que usted ha sacado de la línea de crédito como un incremento de entradas de efectivo. El saldo final de efectivo también aumentará, a no ser que lo gaste (esperemos que en necesidades, no en lujos).

### Lo que sucede en el balance general

El balance general refleja tanto las entradas de efectivo en el apartado de activo circulante como el pasivo circulante de la línea de crédito que debe devolverse al banco. Puesto que tanto el activo como el pasivo se incrementan en la misma cantidad, no hay cambios en la cuenta de capital. Si el banco concede una línea de crédito y esta no se usa, no se produce ninguna deuda por este concepto. No hay nada que devolver. En el momento en que usted utiliza una parte o la totalidad de los fondos de que dispone en la línea de crédito, este movimiento se refleja en el pasivo circulante (en el apartado deudas por línea de crédito) del balance general.

Esta es la cuestión. Cuando se endeude, es sumamente importante que el dinero de la deuda contraída se invierta en algo que aumente los ingresos, mejore la productividad (abarate el COGS) o reduzca los gastos. De este modo, el efectivo de la línea de crédito tiene potencial para mejorar la rentabilidad y el flujo de tesorería de la empresa. Lea detenidamente las dos últimas frases. Solo por este consejo merece la pena el precio que ha pagado por este libro.

## Devolución de un préstamo

Los préstamos tienen dos partes, los **intereses** (la cantidad que cobra el prestador al prestatario por el uso del dinero) y el **capital** (el valor original del préstamo o lo que queda de él a medida que usted lo va pagando). Asumamos una cuota mensual en la que usted paga una cierta cantidad de interés y capital de un préstamo a largo plazo, una hipoteca, por ejemplo. Esto es lo que sucede en el panel de instrumentos financieros.

### Lo que sucede en el estado de resultados

El estado de resultados refleja el pago del interés como un gasto variable, igual que cualquier otro pago de intereses, ya sea que el préstamo constituya un pasivo a corto plazo (circulante) o a largo plazo. El pago de capital no se reflejará en el estado de resultados porque no se considera un gasto, sino la devolución de una deuda. El resultado neto del periodo en cuestión se reducirá cuando se efectúe el pago de los intereses y se reflejará en el estado de resultados.

### Lo que sucede en el estado de la tesorería

El estado de la tesorería consignará la reducción del efectivo por el pago de intereses y capital. Las salidas de efectivo se incrementarán y el saldo final de efectivo se reducirá.

### Lo que sucede en el balance general

A medida que se paguen cuotas de capital, el balance general captará la reducción en efectivo en el apartado de activo circulante y la reducción equivalente en la cantidad de deuda pendiente en el pasivo a largo plazo.

Si el préstamo se ha usado para comprar un edificio que ha aumentado de valor, el efectivo disminuye, pero el activo fijo puede perfectamente incrementarse dependiendo de lo que sucede con su valor inmobiliario. En el caso de que el préstamo se haya utilizado para generar inventario, nuevamente, el efectivo se reduciría mientras que el apartado de inventario aumentará. El uso que se haya dado al préstamo —y el hecho de si, con el tiempo, el activo en cuestión aumenta o disminuye en valor— determina si la cuenta de capital crece o se reduce.

Ahora que es capaz de anticipar los resultados de las transacciones comerciales del día a día, está listo para abandonar la pista y comenzar a conducir por la autopista. No obstante, antes de hacerlo debe conocer unos índices clave que actuarán como un sistema GPS de alta tecnología. Estos le orientarán sobre la marcha para que pueda hacer las debidas correcciones de dirección.

## LOS COEFICIENTES Y LOS PORCENTAJES AYUDAN A ENCONTRAR PATRONES

Es importante poder rastrear los números a medida que se producen las transacciones, que es lo que yo acabo de hacer. El verdadero objetivo, no obstante, es ver ciertos patrones en el negocio y anticipar lo que estos significan para el futuro.

Los coeficientes y los porcentajes le ayudarán a ver cómo se relacionan entre sí las cifras. No basta con monitorizar el aumento o reducción de ciertos indicadores clave, debe hacerse también un seguimiento de dichos indicadores en relación con otros. Los contables llaman «coeficientes» a estas comparaciones. Los coeficientes son simples fracciones, pero como cualquier fracción, estos pueden también expresarse mediante un tanto por ciento, como se verá en un momento. Las convenciones contables presentan ciertos coeficientes —margen neto y margen bruto— como porcentajes, mientras que otros —coeficiente corriente y ratio de liquidez inmediata— permanecen como simples coeficientes. Pero los veamos como coeficientes o como porcentajes, estos datos nos permiten comparar el rendimiento del negocio en diferentes periodos. Nos ayudan a ver las mejoras y los problemas antes de que llegue la crisis. Si usted sigue la pista de los coeficientes y porcentajes que se enumeran en este capítulo, estará en buena forma.

## Porcentaje de margen neto

El **porcentaje de margen neto** muestra la relación entre los ingresos netos y los beneficios verdaderos (netos). Expresa la relación entre la línea superior e inferior del estado de resultados.

Porcentaje de margen neto = Resultado neto ÷ Ingresos netos × 100

Este es un coeficiente de eficiencia. Cuantifica la porción de cada dólar de ingresos netos que se convierte en beneficio neto durante el periodo en cuestión. Si su porcentaje de margen neto está mejorando, significa que una porción mayor de sus ingresos se convierte en resultado neto positivo. Este es su objetivo. Los cambios en este porcentaje muestran si el porcentaje de beneficios mejora o se reduce. Sígalo mes tras mes para verificar el sentido de su cambio. Por otra parte, es importante que sepa cuáles son los porcentajes de beneficios que se manejan en su sector. Si sus porcentajes de beneficio son superiores al promedio de su sector, está en el buen camino. Si no es así, tiene que mejorar el margen bruto (subiendo precios o bajando el COGS) o reducir los costes operativos.

Encontrará los ingresos y beneficios netos en el estado de resultados.

## Porcentaje de margen bruto

El margen bruto es igual a los ingresos netos menos el coste de los artículos vendidos (lo sé, lo sé. Esta cuestión del margen bruto comienza a ser aburrida). El **porcentaje de margen bruto** le muestra qué porcentaje de cada dólar de ingresos netos es margen bruto, es decir, beneficios antes de gastos. Es importante saberlo porque el margen bruto es el dinero con el que se cubren las facturas de la empresa.

Porcentaje de margen bruto = Margen bruto ÷ Ingresos netos × 100

En los capítulos 2 y 3 vimos que nuestro objetivo es el 30 %, es decir, 30 centavos de cada dólar de ventas deberían ser de margen bruto para que la empresa pueda sobrevivir. Digamos de nuevo que cada sector tiene sus normas para el porcentaje de margen bruto y usted debería saber cuál es en su sector; el 30 % es un mero valor de referencia.

También encontrará los ingresos netos y el margen bruto en el estado de resultados.

### Índice de rotación de deudores

El índice de rotación de deudores mide la eficiencia de su departamento de recaudación (¿es usted quien se ocupa de ello? ¿Su tenedor de libros? ¿Su suegra?). Se encuentra en el «informe sobre vencimientos» que su tenedor de libros o contable puede crear, y le dice cuántas veces al año recauda usted todas sus cuentas por cobrar.

Índice de rotación de deudores =
Ventas anuales a crédito ÷ Cuentas por cobrar

Las **ventas a crédito** son aquellas transacciones en las que el cliente recibe el producto o servicio bajo unas condiciones de pago en efectivo o equivalente en algún punto del futuro. En esta ecuación estamos utilizando el total anual de las ventas a crédito.

El objetivo es que la cifra de este informe se acerque a 12. Esto significa que usted está recaudando las cuentas por cobrar cada mes. Cuanto más reducido sea este número, más tiempo le lleva cobrar las cuentas pendientes, y peor es para su empresa.

Pero tenga cuidado: puesto que se trata de un promedio, puede haber cuentas ocultas muy atrasadas. Posiblemente le irá mejor si busca en el informe mensual de facturas atrasadas, cuya creación le he sugerido en el capítulo 6.

## Coeficiente corriente o de solvencia

Su **coeficiente corriente** es un indicador de liquidez a corto plazo. Se calcula mediante el total de activo circulante y pasivo circulante consignados en el balance general y le dirá si hay suficiente liquidez en la empresa para pagar las obligaciones a corto plazo.

Coeficiente corriente =
Total de activo circulante ÷ Total de pasivo circulante

El total de activo circulante consta del efectivo, las cuentas por cobrar y el inventario. Divida simplemente el total de activo circulante por el total de pasivo circulante y obtendrá el coeficiente corriente. Un coeficiente de 2:1 garantizará noches de sueño para usted y días libres de estrés para su contable.

## Ratio de liquidez inmediata

La **ratio de liquidez inmediata** es una variante del coeficiente corriente que acabamos de ver, pero sustrae el valor del inventario del activo circulante. Esto hace que sea una estimación más conservadora de la liquidez real de la empresa. (En ocasiones es difícil liquidar el inventario, por ello este coeficiente prescinde del valor del inventario para estimar el total de activo circulante).

Ratio de liquidez inmediata =
(Efectivo + Cuentas por cobrar) ÷ Total de pasivo circulante

Siempre encontrará la cifra de efectivo, cuentas por cobrar y pasivo circulante en el balance general. Estas cuentas circulantes ofrecen una idea precisa de la disponibilidad de efectivo y equivalentes en un momento determinado para pagar el total de pasivo circulante si fuera necesario. El objetivo es que este coeficiente sea como mínimo de 1:1.

Lo ideal sería que el activo circulante superara al pasivo circulante por si el banco o un proveedor demanda el pago inmediato, lo cual puede suceder en mercados difíciles.

A medida que la empresa crece, habrá que considerar otros coeficientes, pero los que acabamos de enumerar constituyen un excelente fundamento para dirigir una pequeña empresa. Si controla mensualmente estos coeficientes, estará tan por delante de sus competidores que no podrán seguirle la pista.

* * *

Aquí tiene, pues, el panel de instrumentos financieros en movimiento y un sistema de GPS que le ayudará a llegar donde quiere ir. Debe siempre comenzar con el estado de resultados porque es ahí donde se reflejan los ingresos y todos los gastos relacionados con su generación y con la gestión de la empresa.

A continuación, debe cotejar el estado de la tesorería para ver lo que ha cambiado en esta cuenta, porque seguir de cerca el saldo final de efectivo es crucial cuando intenta construir una empresa en funcionamiento y evitar la bancarrota. El balance general siempre se consulta en último lugar porque este se sirve de cifras de las otras dos cuentas y refleja los efectos acumulados de todas las transacciones desde el día en que nació la empresa.

Con un *software* de contabilidad normal el cálculo de estos coeficientes es sumamente fácil. Puede pedirle a su contable que le enseñe a hacerlo, o incluso que él mismo consigne dichos coeficientes en sus informes económicos regulares.

Lo que aprendí en aquella pista de pruebas fue que un derrapaje no tiene por qué terminar en un accidente casi mortal; aprender a pilotar el vehículo en aquellas condiciones cambió completamente las cosas. Ahora usted sabe pilotar su empresa.

# INSTRUMENTOS CLAVE

## *Diariamente*

▶ Verifique diariamente el saldo de efectivo para comparar el dinero de que dispone y el que necesita. (En el capítulo 6 ha aprendido a calcular sus «necesidades» mediante la confección de un presupuesto de caja). Las cuentas bancarias *online* harán que la verificación del saldo de efectivo y el pago de facturas sea mucho más rápido y fácil.

▶ Ingrese inmediatamente los cheques para tener acceso al dinero lo antes posible. El cobro de cheques de entidades situadas en otras ciudades tarda bastante más. Si le devuelven algún cheque, también lo sabrá antes.

▶ Utilice la información del «informe mensual de facturas atrasadas» que su contable ha realizado a petición suya para poner en su calendario llamadas recaudatorias. Haga que estas llamadas formen parte de su rutina diaria antes del vencimiento de las facturas (el capítulo 6 le mostró formas fáciles de hacerlo).

## *Semanalmente*

▶ Pídale a su contable o tenedor de libros que realice un estado de la tesorería para que usted pueda evaluar la situación cada semana.

▶ Compare el estado de la tesorería semanal con su presupuesto de caja y haga las correcciones necesarias de acuerdo con lo que haya cambiado.

▶ Revise los pagos hechos por los clientes durante la semana y tome nota de aquellos que han pagado con retraso. Esto le ayudará a decidir si aún quiere trabajar con tales clientes o cambiar los términos de pago.

▶ Si tiene a alguien como un secretario de cuentas a pagar encargado de pagar las facturas de la empresa, es importante que revise los cheques de más de 250 dólares y sus facturas correspondientes antes de su envío. Esta práctica hace responsable a todo el mundo.

### *Mensualmente*

▶ Pídale a su contable o tenedor de libros que realice un estado de resultados y un balance general para su evaluación cada mes.

▶ Revise los coeficientes y porcentajes clave que hemos presentado en este capítulo y vea cómo han cambiado. Si han mejorado, estupendo. Si han comenzado a empeorar, organice un simple plan que ayude a que mejoren durante el próximo mes. Todos los capítulos de este libro le dan consejos sobre cómo hacerlo.

▶ Revise cada mes el resumen de su tarjeta de crédito para asegurarse de que todos los gastos que aparecen en ella están justificados. Si usted detecta pronto un problema, hay más probabilidades de que el emisor de la tarjeta de crédito pueda ayudarle a resolverlo.

CAPÍTULO **1 0**

# Los números hacen las empresas

## Una entrevista a Norm Brodsky

Norm Brodsky, columnista de «Street Smarts» y veterano editor colaborador de la revista *Inc.*, ha experimentado las elevaciones y profundidades insondables de lo que significa dirigir una pequeña empresa. Entre las seis empresas que ha fundado y desarrollado está Citistorage, un archivo documental, que obtuvo beneficios multimillonarios antes de venderla en 2007 por 110 millones de dólares. Ha declarado la bancarrota dos veces en su vida.

Citistorage comenzó siendo una empresa de mensajería. Un cliente le pidió a Norm que guardara cuatro cajas, y aquello cambió el curso de la historia de la empresa. Si usted visita hoy Williamsburg, Brooklyn, verá grandes edificios industriales blancos y azules que ocupan cuadras enteras de la ciudad almacenando millones de cajas. Citistorage jugó un importante papel en la transformación de Williamsburg, prueba de que las empresas exitosas pueden cambiar barrios y vidas. Norm, su esposa Elaine y su equipo ejecutivo construyeron una cultura empresarial que fue la envidia de todas las compañías de Fortune 500.

Solía llevar a mis estudiantes de visita a Citistorage para que se inspiraran en una organización brillantemente gestionada. Una cosa es hablar en clase sobre lo que es una gran gestión, y otra muy distinta es verla en acción. Los Brodsky no son solo estupendos ciudadanos corporativos, sino maravillosos vecinos dentro de su comunidad. La compañía contribuye con enormes donaciones para familias necesitadas durante las festividades y es famosa por la fiesta pública anual que organiza el 4 de julio en la zona del puerto, con la asistencia de miles de personas que experimentan personalmente la generosidad de Norm.

Aunque generoso, Norm no es blando. ¡Por algo el personal le llamaba *Stormin' Norman*! (apodo frecuente que se da a hombres que, llamándose Norman, se perciben también como personalidades fuertes y dinámicas. N. del T.); cuando tiene una visión, nada le detiene. Norm es un empresario múltiple apasionado por ayudar a las pequeñas empresas. Ha dado miles de charlas sobre lo que se necesita para gestionar una empresa próspera y ha tutelado personalmente a cientos de empresarios. El Sr. Brodsky es también un respetado escritor y filántropo. Este empresario autodidacta comparte ahora con usted lo que ha aprendido en su recorrido. La buena noticia es que lo que usted ha leído en este libro complementa y hace comprensibles las cosas que dice Norm.

## EN LA MENTE DE NORM BRODSKY

Tuve la suerte de hablar durante varias horas con Norm. No se me ocurre nada mejor que dejarle con una transcripción parcial de las cosas que hablamos.

*Dawn: Norm, gracias por su tiempo y por la oportunidad de compartir esta entrevista en un libro que estoy escribiendo para ayudar a las pequeñas empresas, muchas de ellas con graves problemas.*

**Norm:** ¡Todos los negocios tienen problemas! He visto quebrar a muchas empresas que hubieran podido prosperar. Tienen una idea, producto o servicio estupendos, tienen capacidades de venta, pero se quedan sin dinero. Cuando esto sucede los propietarios se quedan atónitos. La mayoría dicen: «No tenía suficiente dinero. Se me agotó». No es que no tuvieran suficiente dinero, sino que no lo utilizaron de forma adecuada. Es algo esencial, que normalmente aprenden mediante ensayo y error o suerte. La mayoría de pequeñas empresas que cierran lo hacen porque el empresario no tiene una comprensión general de los números de la empresa. Mi filosofía es que los números hacen las empresas. No son difíciles de entender. No tiene que tener una educación formal en contabilidad. Yo me especialicé en contabilidad en la universidad y no entendí estas cosas porque no quise. Solo pensaba en las ventas. Si uno tiene una comprensión de estos números esenciales podrá prever los problemas.

### El panel de instrumentos financieros es la clave para la supervivencia de las pequeñas empresas

*Dawn: ¿Por qué cree usted que son tan pocas las pequeñas empresas que sobreviven?*

**Norm:** Saber leer su panel de instrumentos financieros es la clave de la supervivencia. En mi experiencia, el 90 % de quienes comienzan una pequeña empresa no tienen ni idea de cómo leer sus datos financieros. Esta es la razón de que la mayoría de estas empresas no sobrevivan. La mayoría de sus directores piensan que es algo complicado y tienen miedo de hacerlo. Es realmente fácil enseñar a las personas a supervisar lo que impulsa el éxito de su empresa.

**Dawn:** *¿Cuál es el primer objetivo cuando uno dirige una pequeña empresa?*

**Norm:** Al comienzo la meta es simplemente sobrevivir. No se piensa en términos de ganar o perder dinero, sino de vivir del propio flujo de efectivo. Esta es la parte importante. Una vez que la empresa comienza a crecer, se pueden hacer muchas otras cosas.

**Dawn:** *¿Cómo aprendió los números?*

**Norm:** Mi padre me enseñó. Él era vendedor a domicilio antes de que llegaran las tarjetas de crédito y los grandes almacenes. Una vez le pregunté: «¿Cómo ganas dinero?». Él me dijo: «Es muy sencillo; ¿ves esta botella? Tú la compras por 1 dólar y la vendes por 2. Tienes un margen bruto del 50 %». También aprendí a base de errores. Aunque he tenido éxito, me he declarado dos veces en bancarrota; una vez cuando tenía 33 años y la segunda a los 46. Puede contratar a alguien para que lleve la contabilidad, pero no para que entienda los números. Como empresario, esta es su tarea.

**Dawn:** *¿Por qué cree que la mayoría de los empresarios no saben leer un estado financiero básico?*

**Norm:** Porque la mayoría de ellos comenzaron en ventas. Piensan que las ventas son lo único que mueve la empresa y determina el éxito. No cabe duda de que las ventas son importantes, pero gestionar una empresa próspera requiere mucho más. Siempre que me dirijo a grupos numerosos suelo preguntar lo mismo: «¿Cuántos de ustedes comenzaron su vida profesional en ventas y ahora dirigen su pequeña empresa?». Normalmente levantan la mano una abrumadora mayoría de más de la mitad de los asistentes. ¿Qué saben los vendedores sobre dirección de empresas? Solo saben de ventas. Su idea es: «Si conseguí vender un millón de dólares para tal empresa, puedo hacerlo también para la mía». Es posible que sea así.

Pero no entienden que, en una empresa, además de vender, hay otras cosas. Que usted sea un buen vendedor o vendedora no significa que no pueda quebrar.

*Dawn: ¿Por qué esto no se resuelve con la contratación de un contable?*

**Norm:** Una de las cosas más importantes que hago es ayudar a las personas a comprender la jerga de sus contables y agentes financieros para que sepan, al menos, lo esencial. Los contables son, sin embargo, historiadores. Su función es importante porque el pasado informa el futuro. Pero cuando uno recibe los números del contable ya es demasiado tarde. Aunque aprendemos muchas cosas de la historia, la supervivencia está en el presente. Necesitamos una comprensión básica de cómo se miden las constantes vitales de una empresa. Uno puede volver a la escuela y estudiar contabilidad. Pero aun así, se requiere un largo periodo de asimilación. Los cursos de contabilidad tratan las materias con una profundidad tal que no estoy seguro de que ofrezcan las nociones básicas para dirigir una empresa. El otro problema es que uno puede estudiar contabilidad, aprobar el curso y, sin embargo, no saber dirigir una empresa.

**Dawn:** *¿Qué es lo esencial que todo director de una pequeña empresa debe saber?*

**Norm:** Creo que los datos más importantes los brinda el estado de la tesorería. Uno debe entender qué es, cómo funciona y qué nos dice. Si usted no tiene suficiente dinero para pagar las facturas, está acabado. No puede comprar su producto porque no puede pagar a sus proveedores ni tampoco a su personal. Cuando tutelo a propietarios de pequeñas empresas repasamos ingresos, costes, flujo de tesorería y presupuestos. ¡Repaso cientos de rotafolios con información sobre estas cuestiones! ¿Cuántas personas saben que una empresa rentable puede arruinarse? Los empresarios tienen que entender la diferencia entre flujo de tesorería y beneficios. ¡La mayoría no la conocen! Quiero hacerle una pregunta al respecto: ¿cuándo se concluye una venta?

*Dawn:* *Cuando se cobra su importe.*

**Norm:** ¡Exactamente! A menos que tenga una tienda de golosinas, no cobrará en el mismo momento. ¡Aunque su plan de ventas sea estupendo, el dinero puede acabársele! Algunos empresarios dirán: «¿Qué quiere decir con que puede agotarse el dinero?». No entienden que si planean vender 5.000 dólares al mes y solo venden 4.000, esto podría llevarlos a la bancarrota. Sus operaciones diarias comienzan con una base de dinero, y puesto que la cantidad de efectivo que posee es limitada, es sumamente importante que no se le agote. Aunque el estado de resultados le dice si está o no ganando dinero, esto no tiene nada que ver con el flujo de tesorería. Tienen que entender la diferencia. El efectivo es el activo más difícil de reponer y el más fácil de perder.

### Errores que cometen todos los empresarios

*Dawn:* *¿Cuáles son los problemas recurrentes con los que se encuentra?*

**Norm:** Todos los empresarios que he conocido cometen los dos mismos errores: sobrevaloran las ventas y subestiman el coste de dirigir una empresa. ¿Que cómo lo sé? Porque yo he cometido estos mismos errores. Lo primero que enseño es una actitud realista sobre expectativas de venta. Los empresarios se engañan a sí mismos cuando son demasiado agresivos. Las ventas y las recaudaciones impulsan el flujo de tesorería, así que si las proyecciones de ventas son poco realistas, el flujo de tesorería no alcanzará el nivel necesario. Si no tienen suficiente efectivo, no tienen nada que hacer. Cuando veo estas disparatadas expectativas de ventas les digo: «¡Estas proyecciones no son factibles!». Su respuesta es que están obligados porque solo pueden disponer de 200.000 dólares, de modo que aumentan las expectativas de ventas para maquillar el déficit. No es una buena estrategia. Deberían aumentar el negocio de acuerdo con el capital inicial que tienen y ser conservadores. Ver de forma realista las ventas que la empresa puede generar y lo que le costará. La mayoría de empresarios compran un *software* y estiman de forma arbitraria las ventas y los gastos basándose en el capital del que disponen, no en lo que les está diciendo el mercado. Las proyecciones no son para los inversores, sino para ayudarle a dirigir su empresa. Si sus proyecciones no son realistas está destinado al fracaso desde el principio.

**Dawn:** *¿Cómo proyectan los emprendedores lo que necesitan para comenzar una empresa?*

**Norm:** Muchos de ellos no tienen ni idea de cuánto dinero necesitan para empezar un negocio. La inmensa mayoría no van a la escuela de negocios. Saben proyectar ingresos y beneficios netos, pero no tienen ni idea sobre proyecciones del flujo de tesorería. No entienden la relación entre estas cifras.

Cada mes oriento gratuitamente a 20 propietarios de pequeñas empresas. Todos ellos tienen el mismo problema. Cuando les pido que elaboren un estado de la tesorería me dan lo que piensan que es este documento.

Me dicen: «Estas son mis proyecciones de ventas, esto es lo que me costará, y esto es lo que voy a ganar». Muy bonito, el problema es que se arruinarán antes de que se haga realidad. ¿Por qué? Porque solo presupuestan los beneficios que esperan y se olvidan del flujo de tesorería.

En una nueva empresa, uno puede estar perdiendo dinero y seguir aun así operativo si administra de forma correcta el flujo de tesorería. La mayoría no lo entienden porque no conocen la diferencia entre la contabilidad en valores de caja y la contabilidad en valores devengados. Tener beneficios en el estado de resultados no nos dice si tenemos suficiente efectivo para conseguir este resultado neto.

La contabilidad en valores de caja es característica de las pequeñas empresas que generan menos de 5 millones de dólares en ventas al año. Refleja las transacciones al contado en tiempo real. La contabilidad en valores devengados, no obstante, ayuda a gestionar los tiempos del flujo de efectivo en el caso de las cuentas por cobrar y pagar en el futuro. Cuando la empresa lleva a cabo una venta o recibe un pago ha de hacerse un seguimiento de estas transacciones. Es la única forma de saber si tendrá suficiente dinero para dirigir la empresa ahora y en el futuro, semana tras semana y mes tras mes.

## Las verdaderas razones por las que los empresarios se quedan sin dinero

*Dawn: La mayoría de los emprendedores que se declaran en bancarrota afirman que esto sucedió por un capital inicial insuficiente.*

**Norm:** En casi todos los casos, estos empresarios no entienden cómo utilizar el capital inicial de que disponen. Uno de los errores más comunes que se comete con la apertura de una nueva empresa es alquilar una oficina y comprar muebles elegantes. Los emprendedores tienen que entender que el dinero que han conseguido para empezar, sea suyo, de alguien de la familia o de un amigo, es fácil de recaudar. Pero cuando gastan este dinero, no pueden volver otra vez a las mismas personas. El banco no les prestará dinero hasta que sean una empresa en funcionamiento, así que no es una opción. No tienen ningún otro lugar donde acudir. El uso que hagan de ese dinero es su salvavidas; si se agota, no podrán seguir adelante.

*Dawn: ¿Quiere decir, entonces, que muchos emprendedores no saben distinguir entre lujos y necesidades?*

**Norm:** Exactamente. Cuando al principio el efectivo es escaso —y siempre lo es— muchos emprendedores gastan dinero en lujos. No entienden que permitirse cosas que no ayudan directamente a generar flujo de tesorería es un lujo. Recuerde, el efectivo es el activo más difícil de conseguir y el más fácil de gastar. No es fácil de reponer.

*Dawn: ¿Cómo decidió usted lo que iba a recortar cuando el efectivo era escaso?*

**Norm:** Cuando tenía 33 años y tuve que declarar la quiebra, me senté con mi esposa. Teníamos que calcular de cuánto dinero disponíamos para vivir durante los 12 meses siguientes. También teníamos que ver en qué cosas podíamos recortar. Mi idea era que debíamos deshacernos de uno de nuestros vehículos. Mi esposa me dijo: «¡Necesitamos dos autos! Tenemos horarios distintos». Mi respuesta fue: «Tener dos autos es un lujo. Vamos a tener que planear mejor nuestras vidas. Tener un auto es una necesidad, pero tener dos no lo es». Para conservar el efectivo en la primera fase de un negocio hay que ser implacables en el mantenimiento de los gastos al mínimo.

*Dawn: Usted ha visto claramente esta dinámica en otras pequeñas empresas.*

**Norm:** Conocí una estupenda empresa de *software* con mucho potencial que, sin embargo, hubo de declararse en bancarrota. En este punto vinieron a verme. Les pregunté: «¿Qué hicieron con el capital inicial?». Sus oficinas, logo y artículos de escritorio eran preciosos. Todo era de gama superior. Gastaron una fortuna en una oficina que no vería jamás ningún cliente porque su trabajo se realizaba en sus instalaciones. Yo les dije que habían gastado todo aquel dinero en lujos. ¡Aun después de declararse en bancarrota expresaron su desacuerdo conmigo!

Cuando compré los primeros muebles nuevos llevaba 20 años en el mundo de los negocios; hacerlo antes habría sido un lujo. Ahora tengo grandes oficinas. Cuando comencé, necesitaba una silla. Pero no tenía que ser una butaca con mecanismo de masaje incorporado. ¿Qué necesidad tengo de extravagancias?

## Los números que impulsan el negocio son los más importantes

*Dawn: Los números pueden intimidarnos porque son muchos los que hay que barajar. ¿Qué hace para mantener la concentración?*

**Norm:** Ciertas cifras revelan tendencias y la futura salud de la empresa. Aquí es donde la historia es útil, especialmente en el caso de empresas que han estado funcionando durante cierto tiempo. El propietario de un restaurante, por ejemplo, puede decirle que las cifras de su flujo de tesorería serán las mismas que durante la próxima semana basándose en las reservas que tiene para el sábado por la noche.

Cada empresa tiene ciertas medidas clave que muestran patrones de oportunidad y riesgo. Cuando era propietario de Citistorage, podía predecir determinados problemas basándome en ciertas cifras que observaba cada semana. Consideraba especialmente los números de nuestros ingresos netos, entregas realizadas, cajas almacenadas, la cantidad de dinero que se nos debía y quiénes eran los deudores.

Adquirí tanta experiencia en el análisis de estos indicadores que podía decirle a mi contable cuánto dinero habíamos ganado antes de que él realizara sus informes.

*Dawn: Uno de los indicadores que usted consulta es el de las cuentas por cobrar.*

**Norm:** Si uno vende a plazos, hay una parte de los ingresos netos que nunca recaudará. Llevo suficiente tiempo en el mundo de la empresa para saber que entre un 96 y un 98 % de las cuentas por cobrar se recaudarán. Es importante entender esto para planificar las proyecciones. Ninguna empresa que vende aplazadamente sus productos o servicios recauda el 100 por cien de las facturas pendientes. Debe tener en cuenta un cierto margen de deuda perdida cuando realiza proyecciones de flujo de tesorería.

*Dawn: ¿Cómo gestiona las cuentas por cobrar?*

**Norm:** Tengo una lista que uso para recordar a mis clientes que tienen una factura impagada un día después de su vencimiento. La mayoría de pequeños empresarios esperan hasta quedarse sin efectivo, ¡y se dan cuenta entonces de que una factura a 30 días ha vencido hace tres meses! Cuando uno se da cuenta de esta situación ya tiene el problema sobre la mesa. Si una factura a 30 días no se ha cobrado a los 120 días, es muy probable que el cliente no pague porque tiene problemas económicos.

### Cómo recaudan los expertos las cuentas por cobrar

*Dawn: ¿Qué consejos puede darnos para la gestión de las cuentas por cobrar?*

**Norm:** Muchos directores de pequeñas empresas no entienden la importancia de recaudar las cuentas por cobrar. Si un cliente no ha pagado una factura a 30 días, la empresa debería llamar al cliente el día trigésimo primero. No se lo piense dos veces y hágalo. Aquellos clientes que tienen un plazo de 90 días para realizar el pago de la factura deberían recibir una llamada suya el día nonagésimo primero si no la han liquidado. Hay pequeñas empresas que llevan muchos años y no siguen esta disciplina. No permita que las cuentas por cobrar se retrasen. Cuando los clientes le deben dinero, ¡usted es el banco!

*Dawn:* *¿Qué hacen normalmente los pequeños empresarios?*

**Norm:** Normalmente se olvidan de las cuentas por cobrar hasta que descubren que no pueden pagar sus deudas. Después investigan quién les debe dinero y piensan: «¡Pero cómo puede ser esto!». ¡Un tipo les debe 100.000 dólares, el pago venció hace 120 días y habría tenido que pagar a 30 días! La primera y principal pregunta es: ¿por qué le concedió a este cliente un crédito así? La empresa no sobrevivirá si los clientes no pagan a tiempo sus compras. Trate las condiciones de pago desde un principio, en la propia conversación de la venta. Una vez hecha la venta, tiene que mantener un registro de la prestación del servicio y de la cuenta por cobrar para el pago.

*Dawn:* *¿Cómo saca usted a colación las condiciones de pago como parte de la conversación de ventas?*

**Norm:** En lugar de ir detrás de los clientes impagados, ¿no sería mejor evaluar este riesgo por adelantado y tomar incluso la decisión de si quiere aceptar la venta en cuestión? A nuestros clientes les decimos: «Estamos muy contentos de trabajar con ustedes. Estas son nuestras condiciones de pago. Si no nos pagan a los 30 días, les cargaremos un 2 % de la factura pendiente». Parte del éxito consiste en no conseguir todas las ventas.

*Dawn: ¿Cómo debe uno tratar con clientes que piden pagos a 60 o 90 días?*

**Norm:** La verdad es que a los clientes no les gusta pagar las facturas, especialmente a las empresas más pequeñas. Uno tiene la opción de negociar las condiciones de pago por adelantado diciendo algo como «No podemos permitirnos esperar 60 días» o «No podemos preparar el próximo pedido hasta que recibamos el pago». Si a un cliente impagado le servimos más productos y servicios antes de que nos pague lo que tiene pendiente, nuestro riesgo es mayor. Así es como las pequeñas empresas se complican la vida. En cualquier caso, ¡no siga trabajando con un cliente impagado! Comience a llamar a los clientes impagados una vez a la semana. No espere a que se produzca una crisis.

### Hable de las condiciones de pago durante la conversación de las ventas

*Dawn: ¿Cuál es el riesgo si las condiciones de pago no se tratan antes de formalizar la venta?*

**Norm:** Supongamos que usted hace una venta y le dice al cliente que la política de la empresa es que los pagos son a 30 días. El cliente le hace una contraoferta para pagar a 90 días. Ahora usted tiene que tomar una decisión. Puede mantenerse firme en sus condiciones de pago y renunciar a la operación o valorar las condiciones de pago que le propone el cliente y decidir si merece la pena llevarla a cabo. Le digo lo que yo pienso al respecto. Si los márgenes son realmente altos, considero la posibilidad. Si no, la empresa será más fuerte si renuncio a la operación. Los ingresos netos no parecerán tan fuertes, pero el flujo de tesorería será mejor.

Digamos que la venta es de 1.000.000 de dólares con un margen bruto del 24 % o 240.000 dólares. Si las condiciones normales de pago son de 30 días, normalmente financiaríamos una cuenta por cobrar de 80.000 dólares. Esto asumiendo que el pago total se realizara a final de mes. *[Norm dijo esto sin inmutarse. Había tomado el margen bruto (240.000 dólares) y lo había dividido por los 3 meses en que estaría pendiente, es decir, 80.000 por mes. Confieso que me sentí impresionada].* Pero el cliente quiere otros dos meses para pagar la compra, esto significa otros 160.000 dólares en cuentas por cobrar que la empresa tiene que financiar. Si el coste de financiar esta cuenta por cobrar de 160.000 dólares es del 60 %, debo saber si la empresa tiene otros 100.000 dólares para llevar a cabo la venta. *[El sesenta por ciento es el coste de capital, una cifra que, por su larga experiencia en los negocios, Norm sabe de memoria. Su contable puede decirle cuál es esta cifra en su caso].* De no ser así, y a pesar de que los ingresos netos son estupendos, ¡esta venta podría arruinarme! Nadie piensa de este modo. La mayoría de empresarios no dejarían pasar una venta de un millón de dólares. Pero yo lo haría si supiera que esta me llevaría a la bancarrota porque los términos de pago eran excesivamente espaciados para mi liquidez.

No le estoy diciendo que renuncie a la venta, solo quiero que sepa que, de aceptarla, tendría que pedir un crédito al banco, o vender una cuenta por cobrar con descuento a fin de disponer de efectivo para financiar el cobro aplazado de la venta. Puede que consiga financiar sus cuentas porque, una vez que la empresa está en funcionamiento y tiene credibilidad, tiene muchas más opciones a su disposición. Pero para esto tiene que sobrevivir. Las ventas aplazadas siempre comportan un riesgo. Si es capaz de valorar este riesgo estará en condiciones de tomar una decisión más inteligente.

*Dawn: Pero para poder hacer este análisis uno tiene que saber cuáles son sus costes.*

**Norm:** Sí, pero aparte de esto, uno tiene que saber que la empresa dispone de estos 100.000 dólares de flujo adicionales para financiar dicha cuenta por cobrar. Hay otros costes de los que ni siquiera hemos hablado, como las asignaciones para gastos generales fijos y los gastos de contabilidad para comisiones de ventas, que pueden ser considerables.

*Dawn: Pero no son solo los clientes quienes deben tener muy presentes las condiciones de pago de la empresa, sino el propio equipo de ventas.*

**Norm:** Exactamente. En nuestra empresa se promueve que nuestro equipo de ventas entienda la importancia de las condiciones de pago porque eso protege nuestro flujo de tesorería. Hacer la venta es, pues, solo el primer paso, pero los vendedores deben ocuparse también de las condiciones de pago. Cuando mis vendedores regresaban a la oficina diciendo «¡Hemos cerrado la venta!», mi próxima pregunta era siempre «¿Cuándo van a pagarnos?». Casi nunca sabían qué responder. La mayoría de los vendedores suelen vender los artículos o servicios de precio inferior porque no piensan en el margen bruto de la venta o en los términos de pago. Debe *conseguir* que tengan en cuenta estas cosas.

Hace tiempo, cuando las cosas se pusieron difíciles y los pagos comenzaron a retrasarse, cambiamos nuestra política interna de comisiones de ventas. Dejamos de pagar estas comisiones hasta que la empresa recibiera el pago de la venta. Esto garantizaba que los vendedores hablarían de las condiciones de pago con cada cliente.

Negocie las condiciones de pago durante la conversación inicial de ventas. Determine si la empresa puede permitirse esta cuenta por cobrar. Asegúrese de que dicha cuenta recibe un seguimiento apropiado. Así es como deberían funcionar las cosas.

**Dawn:** *¿Qué les dice a los clientes que pagan tarde?*

**Norm:** Es sencillo. Les decimos: «Recuerde que usted se comprometió. Conocía las condiciones de la venta, ¿podemos recoger el cheque?». O: «Solo le pido que cumpla lo que se comprometió a hacer».

**Dawn:** *Aunque se hagan las llamadas recaudatorias, a veces el flujo de tesorería escasea. ¿Qué recomendaría?*

**Norm:** La mayoría de pequeños empresarios, cuando ven que sus facturas han vencido y tienen escasez de efectivo, evitan llamar a sus impagados o mandan un pago parcial a sus proveedores. Lo que deberían hacer es llamar al proveedor antes del vencimiento de la factura, ser honesto y decirle más o menos: «Nos está costando mucho recaudar nuestras cuentas por cobrar, durante los 30 días siguientes le pagaremos lo que le debemos». Después cumpla su palabra. Siempre es más fácil llegar a un acuerdo con un proveedor antes del vencimiento de la factura que después.

**Dawn:** *¿Qué riesgos cabe esperar cuando tenemos problemas de liquidez?*

**Norm:** Cuando las pequeñas empresas se quedan sin efectivo, sus directores dejan a menudo de pagar las retenciones fiscales. ¡Muy mala idea! Es el dinero más caro porque las sanciones son enormes. Por otra parte, dejar de pagar las retenciones puede ocasionarle graves problemas. Si una pequeña empresa no paga sueldos mediante un sistema de nóminas, el propietario se hace personalmente responsable de la retención de impuestos. Si los empresarios no pagan correctamente las retenciones, se hacen susceptibles de delitos penales. Es fácil controlar el efectivo dejando de mandar el cheque a Hacienda, pero los riesgos son enormes. ¡Pase lo que pase, pague sus retenciones!

### Cómo mira un empresario exitoso un balance general

**Dawn:** *¿Por qué es importante el balance general?*

**Norm:** Casi nadie entiende lo que es un balance general. Cuando veo un balance general, solo me concentro en dos cifras: la del activo circulante y la del pasivo circulante. Si su pasivo circulante es superior a su activo circulante, usted está o estará pronto en bancarrota. Esta relación de cifras significa que no tiene suficiente dinero o el dinero equivalente para cubrir sus obligaciones a corto plazo.

Quiero darle el ejemplo de una empresa que vino a verme cuando tenía problemas. Les dije que estaban en bancarrota y no me creyeron, de modo que eché un vistazo a su balance general. Tenían un préstamo bancario de medio millón de dólares que vencía en tres meses y un activo circulante de cien mil dólares. Ellos me dijeron que el banco les daría una prórroga. Puede que sí o puede que no. No estoy diciendo que tuvieran que cerrar la empresa, sino que tenían un problema. Puede que no sea un problema inmediato, pero cuando el pasivo circulante es mayor que el activo circulante, hay que hacer algo.

Estos empresarios nunca miraban su balance general. Sabían leer el estado de resultados y este documento mostraba beneficios, pero aun así estaban en grave peligro. Los proveedores no van a cobrar a tiempo y cada vez será más difícil pagar las facturas. Yo lo veía, pero ellos no.

> **Dawn:** *¿Cómo deberían los empresarios usar el balance general a efectos de planificación?*

> **Norm:** Gestionar el balance general y el volumen de deuda que se va a contraer debería formar parte de la realización del presupuesto anual. La mayoría de las empresas realizan una previsión de ingresos y beneficios netos para el próximo año. Es importante que hagan también un seguimiento de la relación entre el activo circulante y el pasivo circulante y que trabajen en este coeficiente si está desajustado. Claro que sus proveedores pueden esperar otros 60 días. ¿Pero no sería mejor que pudiera cumplir con sus obligaciones y no tuviera que preocuparse más por este asunto? Tampoco tendría que hacer 400 llamadas recaudatorias. ¿Por qué no hacer su vida más fácil?

Cómo enderezar un derrapaje

> **Dawn:** *Norm, muchos empresarios acuden a usted cuando están en crisis. ¿Cómo trata estas situaciones?*

> **Norm:** Lo primero que hay que hacer es arreglar el desbarajuste y después determinar las causas de lo que ha sucedido. Si no se tratan las causas subyacentes volverá a pasar lo mismo. Lo llamo síndrome del día de la marmota. Uno descubre que no entienden los números básicos de la empresa y por ello no saben dónde se encuentran. No tienen que convertirse en contables, pero leer su panel de instrumentos financieros es el primer paso. Hasta que no

aprendan esto, no puede solucionarse nada a largo plazo. Les pido que realicen un presupuesto a mano en lápiz para que sepan exactamente de dónde proceden los números. ¡No pueden usar Excel!

A menudo, un empresario me viene con un problema de flujo de tesorería. Esto puede resolverse. Tienen que verificar sus cifras de ventas y empezar a recaudar a tiempo sus cuentas por cobrar. Les enseño a tratar con acreedores y proveedores. Pero esto es solo resolver los problemas que han surgido.

Deben conocer las operaciones diarias de la empresa para evitar que estos problemas se repitan. Tienen que sentirse cómodos comprobando indicadores como ventas, margen bruto, beneficios y recaudaciones. Deben saber dónde encontrar esta información y cómo interpretarla.

**Dawn:** *¡Esto son muchas cosas! ¿Qué parte de la información no es tan importante?*

**Norm:** No hace falta que entiendan los aspectos más complicados del balance general, por ejemplo, las ganancias retenidas, las acciones ordinarias y las preferentes. Pero los motores diarios de la empresa deben llegar a ser intuitivos. No es difícil. La mayoría de empresarios pueden aprender lo que deben saber en un par de horas. Tampoco es cuestión de edad. A veces hablo con jóvenes que empiezan negocios en la universidad y no lo entienden. Ya es bastante difícil comenzar un negocio. Muchas cosas están fuera de nuestro control, ¿por qué no entender bien aquellas que sí podemos controlar? Esta comprensión incrementará nuestras posibilidades de supervivencia si sabemos leer e interpretar nuestro panel de instrumentos financieros.

* * *

Norm tiene toda la razón. Saber interpretar su panel de instrumentos financieros no es difícil, pero sí crucial para el éxito de su empresa.

## INSTRUMENTOS CLAVE

▸ Aprenda a leer su panel de instrumentos financieros. Si es empresario, este es su trabajo.

▸ Conozca la diferencia entre contabilidad en valores de caja y en valores devengados. Tiene que entender la idea general.

▸ No mire los ingresos netos sin saber si la empresa va a cobrar.

▸ Entienda el modo de negociar las condiciones de pago y cobrar las cuentas.

▸ Las condiciones de pago deben formar parte de la conversación de venta, no debe ser una cuestión que se trata con posterioridad.

▸ El estado de la tesorería es el rey. Es el alma de la empresa. ¡Conózcalo al dedillo!

▸ Las cuentas actuales del balance general revelarán si los datos financieros van camino de fortalecerse o debilitarse.

▸ No intente eludir a la agencia tributaria. Es una estrategia muy cara.

\* \* \*

Felicidades por sobrevivir a *Contabilidad para numerofóbicos: Una guía de supervivencia para propietarios de pequeñas empresas*. Según Norm Brodsky, más de un 90 % de los empresarios no conocen el contenido de estos capítulos, pero ahora *usted* sí lo conoce. Las probabilidades de éxito para la pequeña empresa que usted dirige o ha tenido en mente durante muchos años acaban de mejorar de forma decisiva. Ha aprendido a evitar muchos de los baches y socavones que encontramos en el camino del éxito. La gran misión de este libro es fomentar la creatividad y el genio de las personas con talento mediante negocios viables, dinámicos y rentables. Cuando las empresas sobreviven y prosperan, lo hacen también las personas, las familias y las sociedades. Lo he visto suceder en miles de casos de pequeños empresarios que en otro tiempo tenían grandes luchas para avanzar y ahora han encontrado su camino. Aprendieron las ideas que acabo de compartir en este libro. Ojalá que también usted, querido lector, se una a este grupo.

# GLOSARIO

## A

**Activo** Todo aquello que posee la empresa y a lo que tiene derecho, incluyendo las facturas impagadas.

**Activo circulante** Efectivo (en una cuenta bancaria, dinero en mercado financiero o certificados de depósito), cuentas por cobrar (dinero debido a la empresa) e inventario que puede convertirse en efectivo antes de 12 meses.

**Activo fijo** Activo cuya conversión en efectivo puede tardar más de 12 meses, como edificios, terrenos, equipos, ordenadores y muebles.

**Activo neto** Ver *cuenta de capital*.

## B

**Balance general** Estado financiero que refleja todos los préstamos y deudas pendientes o pasivo de la empresa desde su fundación, junto con el valor de todo su activo y patrimonio.

**Beneficios antes de impuestos (EBT)** Ganancias procedentes de operaciones comerciales *antes* del pago de impuestos federales, estatales o locales.

**Bono** Instrumento de deuda, normalmente a largo plazo, que formaliza un préstamo entre un prestador y un prestatario, y que consigna la cantidad debida y las condiciones de pago de este préstamo específico; es un activo (cuenta por cobrar) para el prestador y un pasivo (pagadero) para el prestatario.

**Bruto** Adjetivo usado en contabilidad —margen bruto, beneficios brutos, ingresos brutos— que significa *antes* de la deducción de gastos o descuentos.

# C

**Capital** El valor original de un préstamo o lo que queda de él a medida que se va pagando.

**Capital circulante** Activo circulante menos pasivo circulante.

**Capital social** Ver *activo neto*.

**Cobro de propietario** Dinero que los propietarios de empresas estructuradas como sociedades unipersonales y sociedades pueden cobrar legalmente aparte de su salario; se considera un ingreso y está gravado con impuestos para el receptor. Llamado también *retirada de inversor*.

**Coeficiente corriente** Medida de liquidez a corto plazo que le dirá si hay suficiente efectivo disponible en la empresa para pagar las obligaciones a corto plazo. Coeficiente corriente = Total de activo circulante ÷ Total de pasivo circulante

**Condiciones de pago** Fecha en que vence un pago y condiciones bajo las que puede aplicarse un descuento.

**Contabilidad en valores de caja** Método de contabilidad que consigna las entradas de dinero por pagos de clientes y las salidas por pagos de facturas en el momento en que estas se producen; los ingresos y gastos no se anotan en el estado de resultados hasta que se llevan a cabo las transacciones.

**Contabilidad en valores devengados** Método de contabilidad que refleja las ventas y gastos *a medida que estos se producen* independientemente de cuándo tengan lugar los pagos o cobros; los ingresos netos se anotan con el envío de los artículos o las facturas, no cuando se recibe el pago y, de igual forma, los gastos se anotan cuando vencen las notas y facturas de los proveedores o subcontratistas, no cuando las paga la empresa.

**Coste de los artículos vendidos (COGS)** Coste directo variable relativo a los gastos relacionados con la fabricación, compra o entrega de un producto o la prestación de un servicio; consta del coste directo de los materiales y la mano de obra. Ver también *coste por unidad*.

**Coste por unidad** Coste directo de los materiales y mano de obra necesarios para crear un producto comercializable, se haya o no vendido todavía. Ver también *coste de los artículos vendidos*.

**Cuenta de capital** Valor monetario de una empresa; es la diferencia entre lo que su empresa posee y lo que debe. Llamada también *patrimonio neto* y *capital social*.

**Cuenta de nóminas** Dinero ganado por los empleados que la empresa todavía no ha pagado.

**Cuenta de pérdidas y ganancias** Ver *estado de resultados*.

**Cuenta de resultados** Ver *estado de resultados*.

**Cuentas a pagar** Cuenta de pasivo circulante del balance general que refleja generalmente las facturas pendientes que los proveedores han mandado a la empresa por artículos que se le han enviado o servicios que se le han prestado. También llamada *deuda pasiva*.

**Cuentas por cobrar** Cuenta de activo circulante del balance general que generalmente consigna las facturas pendientes que su empresa envía a los clientes después del envío de sus compras o la realización de un servicio. También llamadas *derechos de cobro*.

## D

**Demanda prevista** Cantidad de un producto o servicio que usted prevé que los clientes van a comprar.

**Demanda real** Cantidad de un producto o servicio que compran los clientes.

**Depreciación** Parte del total de gasto de un activo que se deduce cada año de la vida útil de un activo hasta que se contabiliza el total de su coste.

**Derechos de cobro** Ver *cuentas por cobrar*.

**Deuda pasiva** Ver *cuentas a pagar*.

# E

**Empresa en funcionamiento** Empresa bien gestionada y autosuficiente que no está bajo amenaza de bancarrota; tiene fuentes previsibles de ingresos, gastos razonables y un adecuado nivel de efectivo para pagar sus facturas ahora y en el futuro inmediato.

**Entradas de efectivo** Línea del estado de la tesorería que refleja todo el efectivo que entra en la empresa. Llamada también *efectivo recibido*.

**Estado de la tesorería** Documento financiero que mide el flujo de las entradas y salidas de efectivo de la empresa; el saldo final de efectivo de un mes se convierte en el saldo inicial del siguiente.

**Estado de resultados** Estado financiero que revela si una empresa está generando beneficios, en equilibrio o tiene pérdidas. Llamado también *cuenta de resultados* o *cuenta de pérdidas y ganancias*.

# F

**Fondo de comercio** Un activo que aparece ocasionalmente en el balance general, reflejando el valor monetario de una marca comercial.

# G

**Ganancias retenidas** Total de todos los beneficios netos generados por la empresa desde su comienzo menos cualquier dividendo o retirada de propietarios o inversores que se han pagado desde el comienzo.

**Garantía subsidiaria** Activo que se presenta como fianza de un préstamo; puede liquidarse si la empresa incumple el pago del préstamo.

**Gasto irrecuperable** Gasto no reembolsable que no ha producido ningún beneficio.

**Gastos fijos** Gastos que no cambian con las fluctuaciones del volumen de ventas, como el alquiler y los seguros.

**Gastos por intereses** Cantidad de interés pagado en una deuda a corto plazo, como un préstamo o una línea de crédito.

**Gastos variables** Gastos que cambian dependiendo del volumen de ventas, como comisiones de venta, gastos de *marketing* y cosas de este tipo.

# H

**Hipoteca** Pasivo de largo plazo que generalmente se devuelve con intereses a lo largo de varias décadas.

# I

**Impuestos** Tributos de pago obligado. Pueden ser municipales, estatales y federales.

**Índice de rotación de deudores** Medida de eficiencia recaudatoria que indica cuántas veces al año se recaudan las cuentas por cobrar.

Índice de rotación de deudores =
Ventas a crédito anuales ÷ Cuentas por cobrar

**Informe de facturas pendientes** Un informe que consigna todas las facturas impagadas, la fecha de vencimiento de cada una, el número de días pendiente de pago, la cantidad debida y el cliente responsable.

**Ingresos netos** Cifra de lo que se ha vendido durante el mes en cuestión, menos cualquier descuento que haya podido aplicarse.

**Intereses** Ver *gastos por intereses*.

**Inventario** Producto fabricado o comprado pero todavía no vendido; su valor como activo se computa por la cantidad que fue necesaria para su fabricación o compra.

**Inversión de capital** Recursos financieros que el propietario de una empresa ha invertido en su creación y a veces también más adelante; aparece en el balance general, en el apartado cuenta de capital.

# L

**Liquidez** Activos fácilmente convertibles en efectivo.

# M

**Margen bruto** Beneficios brutos disponibles para pagar todos los costes operativos; se calcula deduciendo el coste de los artículos vendidos de los ingresos netos.

**Margen neto** Ingresos netos menos gastos directos variables (coste de los artículos vendidos) y gastos indirectos variables (costes operativos) *por unidad.*

## N

**Neto** Adjetivo usado en contabilidad —ingresos netos, gastos netos, beneficios netos— que significa *después* de contabilizar ciertos gastos.

**Neto 30 días** Declaración de términos de pago que significa que el pago vence a los 30 días de presentar el pedido.

## P

**Pagarés cancelables** Obligaciones a corto plazo para inversores, proveedores o el banco; el producto de la venta del pagaré se usa generalmente para cubrir necesidades de efectivo o para generar inventario y debe pagarse antes de 12 meses.

**Pagos de líneas de crédito** Generalmente, líneas de crédito renovables que pueden utilizarse en su totalidad o en parte; cuando se devuelve el dinero, la línea de crédito vuelve a abrirse.

**Panel de instrumentos financieros** Los tres indicadores que debe entender para dirigir una empresa: el estado de resultados, el estado de la tesorería y el balance general; ofrecen información muy importante sobre los beneficios que genera la empresa, el efectivo de que dispone en el banco para gestionarla y su estado general de salud en un determinado punto.

**Pasivo** Lo que la empresa debe, es decir, obligaciones que debe pagar ahora o en el futuro.

**Pasivo circulante** Obligaciones por parte de la empresa que esta debe pagar antes de 12 meses; incluye cuentas a pagar, pagarés cancelables y pagos de líneas de crédito.

**Patrimonio neto** Ver *cuenta de capital*

**Porcentaje de margen bruto** Fórmula que muestra qué porcentaje de cada dólar de ingresos netos es margen bruto, es decir, beneficios antes de gastos.

Porcentaje de margen bruto = Margen bruto ÷ Ingresos netos × 100

**Porcentaje de margen neto** Relación entre los ingresos netos y el resultado neto; expresa la relación entre la primera y última líneas del estado de resultados.

Porcentaje de margen neto = Resultado neto ÷ Ingresos netos × 100

**Protección de descubierto** Línea de crédito de una cuenta corriente que debe pagarse cada mes; es un pasivo u obligación de la empresa hasta que se ha pagado.

**Punto de equilibrio** Es el punto en que una empresa no tiene beneficios ni pérdidas, lo cual se produce cuando su resultado neto es *cero*, ni positivo ni negativo, los ingresos son suficientes para cubrir todos los gastos fijos y variables, y la empresa tiene el potencial de generar ganancias sostenibles.

## R

**Ratio de liquidez inmediata** Valoración de la liquidez a corto plazo de una empresa; es una variación conservadora del coeficiente corriente que elimina el valor de inventario del activo circulante.

Ratio de liquidez inmediata =
(Efectivo + Cuentas por cobrar) ÷ Total de pasivo circulante

**Renta neta** Ver *resultado neto*.

**Resultado neto** Cantidad de dinero que la empresa ha retenido tras pagar todos los gastos (el coste de los artículos vendidos y otros gastos variables y fijos) e impuestos. Llamado también *renta neta*.

**Retirada de inversor** Ver *cobro de propietario*.

## S

**Saldo de caja inicial** Cantidad de dinero que tiene la cuenta de una empresa al comenzar el mes, antes de la recepción de pagos y la liquidación de gastos; es la misma cantidad que el saldo final de efectivo del mes anterior.

**Saldo final de efectivo** Cantidad de efectivo en las cuentas de una empresa a final de mes, tras añadir los pagos recibidos y deducir el pago de los gastos del saldo de caja inicial; el saldo final de efectivo de un mes se convierte en el saldo inicial del siguiente.

**Salidas de efectivo** Línea del estado de la tesorería que consigna todo el dinero que sale de la empresa para pagar gastos. Llamada también *gastos en efectivo*.

## V

**Valor neto** Ver *activo*.

**Ventas a crédito** Transacciones en las que el cliente recibe el producto o servicio con condiciones de pago aplazado mediante efectivo o equivalente en algún punto del futuro.

**Volumen de equilibrio** Número de unidades que deben venderse para alcanzar el punto de equilibrio.

# ÍNDICE

# ACERCA DE LA AUTORA

**Dawn Fotopulos** ha asumido la misión de evitar la quiebra de las pequeñas empresas. Experta en gestión empresarial con un historial de 20 años en la recuperación de negocios deficitarios, ha enseñado a miles de propietarios de pequeñas empresas a prosperar en cualquier economía por medio de sus clases, talleres y blog galardonado www.bestsmallbizhelp.com.

En la actualidad Dawn es profesora adjunta de Negocios en el King's College de Nueva York. Ha sido profesora invitada en la Escuela de Negocios Stern de la Universidad de Nueva York y en la Escuela de Negocios de Columbia. Es también promotora cualificada de Kauffman Fast Trac, conferenciante de la National Association for Women Business Owners, Savor the Success, In Good Company y veterana moderadora de las conferencias patrocinadas por el *New York Times* y AMEX Small Business Summit. Además, es CEO principal de Job Creators Alliance, empresa fundada por Bernie Marcus, antiguo CEO de Home Depot, para promover la formación y rentabilidad de las pequeñas empresas.

Dawn ha publicado más de 500 artículos y numerosos libros blancos en Cox Small Business Network, Forbes Small Business Exchange y Fran Tarkenton's Small Biz Club.com. Ha aparecido también como experta invitada en los programas radiales de la

MSNBC *Your Business* y en *Let's Talk Business*, que dirige Mitch Schlimer.

Es licenciada en Ciencias por la Universidad de Cornell y MBA en Gestión, con mención especial, por la Escuela de Negocios Stern de la Universidad de Nueva York. Ha desempeñado cargos importantes en Citicorp y Grant Street Partners, una empresa de desarrollo inmobiliario, y es presidenta de DF Consulting, Inc., una consultoría de pequeñas empresas.

Dawn vive en la ciudad de Nueva York y puede contactar con ella mediante correo electrónico (dfotopulos@gmail.com).